COLLECTIF ENGAGÉ

Go Green

CAHIER D'ACTIVITÉS ET DE RÉFLEXIONS POUR SE SENSIBILISER À L'ÉCOLOGIE

la plage

Retrouvez toutes nos nouveautés et actualités sur www.laplage.fr
Écrivez-nous :

- Pour toute demande ou réclamation : info@laplage.fr
- Pour envoyer vos manuscrits : edition@laplage.fr

58, rue Jean Bleuzen – 92178 Vanves cedex
Dépôt légal : avril 2024
NUART : 5746945
ISBN : 9782383382539

Direction éditoriale : Céline Le Lamer
Suivi éditorial : Garance Ducol
Relecture : Éléonore Doosterlinck
Conception graphique : Nicolas Gallois
Mise en page : SKGD Creation
Fabrication : Amélie Moncarré
Responsable marketing et communication : Charlotte Couture (ccouture@laplage.fr)
Cheffe de produits marketing et communication : Lucie Ollagnier (lollagnier@hachette-livre.fr)
Responsable partenariats : Dana Lichiardopol (dlichiardopol@hachette-livre.fr)

Les illustrations viennent d'iStock, à l'exception de celles des pages 24, 33 et 45.

Imprimé en France sur du papier certifié sans chlore issu de forêts gérées durablement, avec des encres végétales sur les presses de PPO graphic, un imprimeur reconnu pour ses pratiques respectueuses de l'environnement.

PAPIER À BASE DE FIBRES CERTIFIÉES

la plage s'engage pour l'environnement en réduisant l'empreinte carbone de ses livres. Celle de cet exemplaire est de : 550 g éq. CO_2

Édito

Bien le bonjour, et bienvenue dans ce cahier de vacances écolo !

Que vous soyez déjà un·e écolo chevronné·e, en devenir ou que vous vous posiez simplement des questions, vous êtes au bon endroit ! Dans ce cahier de vacances collectif, on vous a préparé *plein* de choses différentes pour vous faire passer un bon moment et un bon été – soyez certain·e que vous ne vous ennuierez pas.
Notre collectif engagé, dont vous trouverez la présentation en page suivante, vous a concocté explications, conseils, jeux et astuces pour vous présenter chacun·e leur sujet de prédilection en rapport avec l'écologie !

- Si vous êtes soucieux·se de partir en vacances de façon plus responsable, alors la partie d'Aline (pages 6-10), sur les vacances *green* et l'avion est faite pour vous !
- Si vous voulez tester vos connaissances en matière d'écologie, rendez-vous pages 12-13 et 36-37, et venez (re)découvrir les acteur·ice·s de l'écologie au quotidien (pages 26-27, 42-43 et 60-61) !
- Si vous souhaitez intégrer davantage d'écologie dans vos habitudes, découvrez les astuces de Marie (pages 28-30) sur la consommation responsable, d'Aline (pages 32-34, 38-41 et 48-51) sur l'alimentation et le zéro déchet et d'Ophélie sur la maison et le ménage écolo (pages 44-47). Si vous aimez le local et souhaiteriez découvrir les spécialités de chaque région, consultez la carte du *made in* France (pages 16-17) !
- Si vous souhaitez vous rapprocher de la nature, allez lire Loup (pages 18-19) sur l'urbanisme et l'écologie, puis Anne (pages 22-25) sur la vie en groupe et l'habitat écologique, et enfin Léna (pages 56-59), sur la biodiversité à retrouver et à chérir partout autour de vous !
- Si vous vous inquiétez de la situation écologique actuelle, alors allez lire la contribution de Mélanie (pages 52-55) sur le climat et les limites planétaires, puis allez tester votre éco-anxiété avec le test d'Yvan Marc (pages 62-63) et apprenez ainsi à mieux gérer vos éco-émotions !
- Et si vous en avez marre d'entendre des commentaires négatifs et faussés sur l'écologie (bienvenue au club), découvrez le bingo écolo de Victoria (pages 14-15) et parcourez ce cahier de vacances pour vous armer au mieux la prochaine fois que tonton Roger vous importune pendant un repas de famille !

L'environnement ne prend pas de vacances, alors profitez des vôtres pour en découvrir plus à son sujet, et pour vous rappeler que vous n'êtes pas seul·e dans votre combat : nous sommes nombreux·ses à travailler ensemble pour préserver notre belle planète. Pour elle comme pour nous, une mission : *Go Green* !

Nous espérons que vous apprécierez le voyage et votre lecture !

Les contributeur·ice·s

Ce cahier de vacances n'aurait pas pu voir le jour sans un collectif de personnes engagées pour l'écologie au quotidien, merci à elles·eux !

ALINE GUBRI – @consommons.sainement : *vacances green, avion, alimentation, zéro déchet*

Conférencière en transition environnementale et autrice d'ouvrages sur le zéro déchet, l'alimentation durable et l'écologie petit budget, Aline Gubri s'intéresse aux gestes de tous les jours en faveur de ce qu'elle nomme la « micro-écologie ». Elle partage ses astuces et conseils sur son Instagram au quotidien.

VICTORIA VIDAL – @vicplusgreen : *bingo écolo*

Créatrice de contenus engagée, Victoria s'est engagée en 2021 aux côtés de Time for the Planet pour l'écologie. Sur son Instagram, elle sensibilise aux problématiques écologiques avec beaucoup de pédagogie pour déconstruire les idées reçues. Parce qu'être écolo et végétarien·ne, c'est bien loin d'être une punition, au contraire !

LOUP DUCOL : *urbanisme*

Doctorant en anthropologie à l'Institut d'analyse du changement dans l'histoire et les sociétés contemporaines (IACCHOS) de Louvain-la-Neuve en Belgique, Loup se spécialise dans les rapports entretenus par les individus et surtout la jeunesse avec l'écologie, notamment en territoires urbanisés.

ANNE FADEUILHE : *vivre ensemble et habitat écologique*

Habitante d'un écovillage en Charente-Maritime, Anne vit au quotidien dans une yourte, qu'elle a en partie construite, depuis plusieurs années. Elle vit avec d'autres personnes qui partagent les mêmes convictions et qui vivent dans des écoquilles, maisons bois-paille, kerterre…

MARIE DUBOIN – @la_salade_a_tout : *consommation responsable*

Conférencière et autrice sur le sujet de la consommation responsable, Marie Duboin est également à l'origine de la méthode BISOU, qui a pour but d'apprendre à mieux consommer. Sur ses réseaux, elle communique majoritairement sur la maîtrise de son budget dans une démarche écoresponsable.

PASCALE BAUSSANT : *Carte de France du made in France*

Présidente de 1 % for the Planet France, Pascale Baussant est également autrice du livre Agir pour le climat en famille, publié aux Éditions La Plage en 2021. Elle s'engage pour la planète et notamment à travers le made in France.

OPHÉLIE BEL – @minimal.quotidien : *maison et ménage écolo*

Autrice d'un ouvrage pour un quotidien plus minimaliste, céramiste et créatrice de contenus engagée pour l'écologie, Ophélie se spécialise sur le ménage écolo et efficace. Elle partage avec bienveillance ses conseils et DIY sur son Instagram pour un intérieur plus propre sans produits nocifs.

MÉLANIE SANCERY-GAY – @melanie_en_veganie : *climat et limites planétaires*

Diplômée en Alimentations végétariennes à la Sorbonne et autrice d'un ouvrage sur le climat et ses enjeux, Mélanie est également créatrice de contenus sur les réseaux. Elle y partage ses conseils et recettes pour végétaliser son assiette et son quotidien pour faciliter la transition végétale du plus grand nombre.

LÉNA POLIN – @scarabete : *biodiversité*

Passionnée par les insectes, Léna est entomologiste et dirige une entreprise de naturalisation dans le but de sensibiliser à la beauté de la nature et à l'importance de la préserver. Elle partage ses conseils et astuces au sujet de la biodiversité sur son Instagram.

YVAN MARC JUILLARD : *éco-anxiété*

Psychologue clinicien, Yvan Marc Juillard est très engagé pour l'écologie, la forêt, mais également pour l'humain. Auteur de l'ouvrage *Éco-anxiété*, publié en 2023 par les Éditions La Plage, son domaine de prédilection est l'éco-anxiété et (ré)apprendre à vivre au milieu de la crise écologique que nous vivons.

Sommaire

Partir en vacances « green » : **mode d'emploi**

Partir en vacances durables ne signifie pas être irréprochable sur le moindre déchet. Après tout, c'est les vacances ! Pas de pression : ce qui compte le plus pour ce type de petits gestes, c'est ce que vous faites les 350 autres jours de l'année. Partir plus durablement en vacances, c'est simplement suivre quelques pratiques simples (et efficaces) pour passer un bon séjour tout en évitant quelques activités et moyens de transport particulièrement peu vertueux.

Quel est le critère n°1 pour des vacances plus durables ?

En moyenne, qu'est-ce qui pollue le plus pendant les vacances ?

(1 réponse possible)

- ☐ Les activités touristiques sur place
- ☐ Le transport
- ☐ Les déchets
- ☐ L'hébergement
- ☐ L'alimentation

Réponses : Le transport. Selon l'ADEME, 75 % des émissions de CO_2e du secteur du tourisme proviennent de la mobilité.

COMPRENDRE

Bien avant votre hôtel, les activités que vous ferez sur place ou même les repas que vous choisirez de déguster pendant votre séjour, c'est le mode de transport de vous prendrez pour vous rendre de chez vous à votre lieu de vacances qui déterminera le plus gros du bilan environnemental de vos vacances.

Gaz à effet de serre émis par le secteur du tourisme

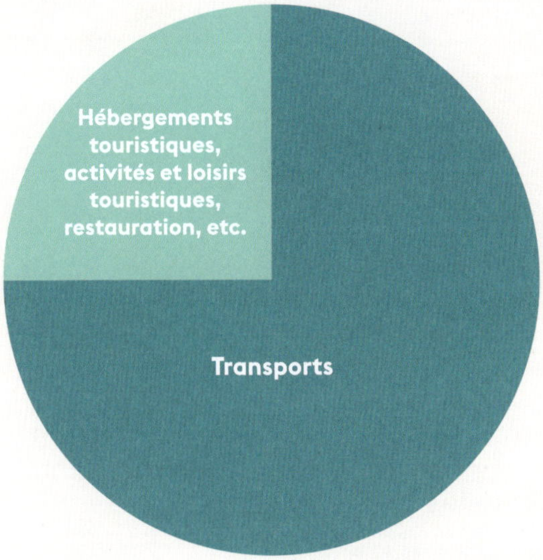

Le premier coupable ? L'avion ! Il est responsable de 53 % des émissions du secteur du tourisme alors même qu'il n'en représente que 12 % des voyages.

Pour mieux comprendre les impacts de l'avion et découvrir de nombreux bons plans et alternatives, rendez-vous aux pages 10-11.

En bref, prendre l'avion pour se rendre dans un hôtel labelisé zéro plastique et zéro déchet n'aurait que peu de sens. Paradoxalement, un hôtel lambda (sans engagements écologiques particulier) où vous vous rendrez en train ou en voiture sera un choix bien plus écologique.

Source : ADEME.

Se sentir dépaysé·e sans partir loin – mode d'emploi

- **Certains types de logements insolites** offrent une expérience tout à fait dépaysante sans traverser le globe : yourtes, cabanes dans les arbres, bulles transparentes... Rendez-vous aux pages 24-25 pour des exemples.
- **Aller à l'étranger** ne signifie pas nécessairement aller à l'autre bout de monde. Il vous suffit de traverser 1 ou 2 frontières en train ou en voiture pour vous retrouver dans un environnement culturel, linguistique, architectural et gastronomique totalement nouveau.
- **La diversité des paysages français et européens** est bien trop sous-estimée. Direction l'Espagne pour découvrir le désert des Bardenas et se croire dans les déserts rocheux de l'Utah ou de l'Arizona. Ou alors, montez dans un train près d'Hendaye et réveillez-vous au Portugal. Vous pourrez y découvrir des paysages incroyables, dont notamment les vagues les plus hautes du monde à Nazaré, les gondoles d'Aveiro (le petite Venise du Portugal) ou le château multicolore de Sintra tout droit sorti d'un conte de fées.

À SAVOIR - LE PETIT BONUS EN PLUS : UN HÉBERGEMENT ÉCOLABELLISÉ

Certains hôtels, gîtes et camping arborent des écolabels (dont principalement Clé Vert, Gîte Panda et Ecolabel Européen) qui garantissent des engagements écologiques de l'établissement (réduction des objets jetables, des consommations d'électricité et d'eau et des déchets alimentaires, par exemple).

POUR ALLER PLUS LOIN

Retrouvez des dizaines d'autres idées de destinations en détails (itinéraires sans avion, activités sur place, etc.) en Europe grâce à Greenpeace, en fonction de la durée de votre séjour et de votre objectif (se la couler douce, savourer la gastronomie locale, parfaire votre culture, être au plus près de la nature ou faire la fête). Rendez-vous sur leur site pour plus d'informations.

S’amuser dans le respect des écosystèmes locaux

Reliez chaque type d’activité avec la raison pour laquelle elle est à éviter cet été.

1. Les activités impliquant des animaux (balades à dos d’éléphants ou de chameaux, baignade avec les dauphins, spectacles d’aigles, de tigres, d’otaries ou d’orques...)

2. Les activités motorisées (quad, jet-ski, ski-nautique, ULM...)

3. Les croisières en paquebot

4. Certaines activités en milieux naturels (safari, canyoning, bateau à moteur...)

a. Elles consomment du carburant et émettent une pollution sonore dans des environnements naturels tels que les forêts ou les lacs.

b. En voulant observer/profiter de milieux naturels et sauvages, elles les perturbent.

c. Elles sont extrêmement énergivores (électricité et fioul lourd) puisqu’elles demandent de déplacer des centaines de milliers de tonnes, et rejettent de très grandes quantités de polluants non filtrés dans l’air.

d. Elles imposent aux animaux quasi systématiquement des conditions de vies en captivité dramatiques. Leur domestication et leur obéissance sont dues à des méthodes maltraitantes. Elles empêchent également les animaux de suivre leurs besoins sociaux et comportementaux naturels[1].

1 À savoir : certains « sanctuaires à éléphants » sur le continent asiatique n’en ont que le nom. Il s’agit d’arnaques visant à attirer des touristes pensant faire une bonne action.

Réponses :
1 = d. 2 = a. 3 = c. 4 = b. Envie de profiter de milieux naturels sans les perturber ? Faites du bateau à voile, du vélo ou encore des randonnées ou des promenades sur sentiers !

Le mini guide de la rando responsable

1. **Rien derrière toi tu ne laisseras (y compris ta peau de banane).** Un simple aliment peut introduire des pathogènes ou des espèces vivantes pouvant perturber l'écosystème du milieu.

2. **Tes semelles tu nettoieras bien par avance.** Cela permettra d'éviter, là aussi, d'apporter des pollens, pathogènes ou graines provenant d'un autre écosystème.

3. **Des souvenirs dans la tête uniquement tu rapporteras.** Il est important de ne pas prélever de coquillages, de coraux (même morts), de fleurs, etc. Ces éléments ont un rôle à jouer dans l'écosystème (source de nourriture, habitat...).

4. **Ton corps (et ton esprit) seulement tu nourriras.** Donner du pain à des marmottes ou des oiseaux peut paraître très mignon, mais peut causer leur mort (moins mignon). Il est primordial de ne rien donner à manger à la faune sauvage (dans la nature comme en ville).

5. **Dans les sentiers battus tu resteras.** Parce que randonner, c'est partager un milieu naturel avec de nombreuses autres espèces vivantes, il est important de respecter les espaces de chacun·e. Restez donc uniquement sur les sentiers, afin de ne pas perturber les espaces naturels aux alentours (et marcher sur de jeunes pousses fragiles ou effrayer la faune, par exemple).

À SAVOIR - CRÈMES SOLAIRES ET BAIGNADE EN MER/LAC/RIVIÈRE

Les protections solaires peuvent former un écran la surface de l'eau et ralentir la photosynthèse des végétaux sous-marins. Voici donc quelques bonnes pratiques :

- Évitez les huiles solaires et préférez les crèmes solaires car elles resteront davantage sur la peau dans l'eau.
- Évitez de vous tartiner de protection solaire juste avant de vous baigner.
- Si besoin, baignez-vous avec des protections physiques (combinaisons anti-UV, par exemple).
- Méfiez-vous de l'argument (parfois abusif) « non toxique pour les écosystèmes ».
- Pour votre santé, optez pour une crème solaire certifiée CosmeBio ou Ecocert (qui interdisent notamment les filtres solaires dits chimiques) et assurez-vous qu'elle soit bien notée par UFC Que Choisir[1] ou l'application Yuka.

Attention ! Certaines produits « naturels » (comme l'huile de pépins de framboise) sont parfois présentés sur les réseaux sociaux comme des alternatives aux protections solaires. Ils présentent des propriétés de protection solaire, mais ces dernières (lorsqu'elles sont mesurées à l'aide de méthodes fiables et en conditions d'utilisation) sont extrêmement faibles. Ils ne doivent donc pas remplacer les protections solaires du commerce.

1 Gratuit. Rendez-vous sur le site de Que Choisir, onglet comparatif ingrédients indésirables.

Vaut-il mieux voyager zéro déchet **ou voyager sans avion ?**

C'est décidé, cette année, vous allez manger plus sain. Vous cuisinez chaque jour le snack le plus sain du monde, mais – petit détail – vous mangez toujours quotidiennement un triple hamburger à la raclette suivi d'un milk-shake XXL. Voyager écoresponsable, c'est un peu pareil : voyager avec une tasse zéro déchet et des couverts réutilisables n'aura que peu de sens si vous le faites en avion.

Éviter de prendre l'avion, c'est THE action prioritaire pour des vacances plus durables (j'exclus ici les déplacements pour raisons professionnelles ou familiales qui n'auraient pas pu être réalisés en train).

Pour mieux comprendre...

Selon l'Accord de Paris, pour maintenir le dérèglement climatique à un niveau vivable, chaque citoyen·ne ne devrait émettre que 2 tonnes d'éq. CO_2 par an d'ici 2050[1] (tout compris : alimentation, mobilité, logement...).

Un aller-retour Paris-New York en avion dépasse à lui seul ces 2 tonnes !

1 En équivalent CO_2 (ou CO_2e). Quelques ordres de grandeur : un·e Péruvien·ne émet en moyenne 2 tonnes de CO_2 par an ; un·e Français·e, 10 tonnes et un·e Canadien·ne, 14 tonnes. Source : *Global Carbon Atlas.*

Reliez chaque trajet en avion à son impact carbone

Paris-Marrakech

Paris-Montréal

Paris-Nice

319 kg de CO_2e
(autant que si vous achetiez 11 smartphones neufs)

2,5 tonnes de CO_2e
(autant que pour chauffer votre 60 m² avec un chauffage électrique pendant 641 ans[1])

978 kg de CO_2e
(autant que si vous mangiez du bœuf tous les jours pendant 4,5 mois)

1 Sources : *Le Monde* et Mon Convertisseur CO_2 (ADEME).

Réponses : Paris-Nice = 319 kg de CO_2e / Paris-Marrakech = 978 kg de CO_2e / Paris-Montréal = 2,5 tonnes de CO_2e

Votre target

À vous de choisir l'objectif qui vous paraît le plus adapté dans un premier temps :

- Ne pas prendre l'avion au sein de la France métropolitaine
- Ne pas prendre l'avion au sein de l'Europe
- Partir en vacances en avion une fois tous les 3 ans seulement
- Ne plus prendre l'avion du tout (pour les vacances)

Dans mon cas personnel, en 10 ans, je suis passée par chacune de ces étapes, jusqu'à décider de ne plus prendre l'avion du tout pour mes vacances.

Les tips à connaître

- Le site Trainline vous permet de commander les billets de différentes compagnies ferroviaires sur une seule plateforme (et vous trouve les prix les plus intéressants).
- Grâce aux trains de nuit, vous pouvez vous endormir à Paris et vous réveiller à Berlin ou à Vienne.
- Lonely Planet a publié des guides de voyage 100 % train avec des périples clés en main : *Voyages zéro carbone (ou presque)* et *Voyages zéro carbone en France*.
- Le site Hourrail vous propose des itinéraires tout prêts pour voyager partout sans avion ni voiture.

Émissions de gaz à effet de serre par personne et pour 500 km

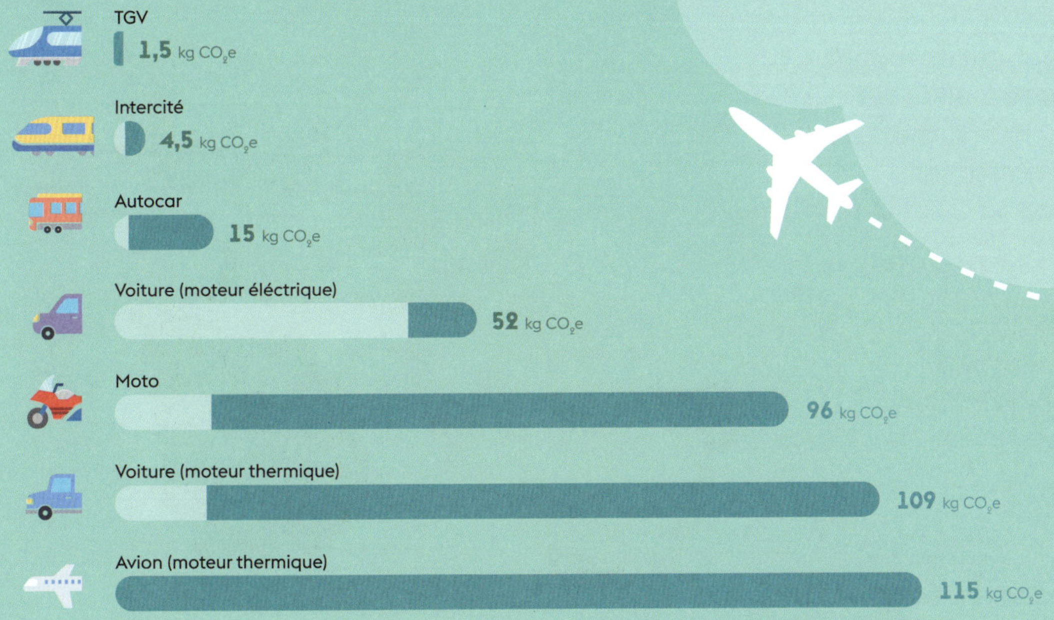

Source : ADEME.

> « T'inquiète, je paye toujours une compensation carbone ! »

La compensation carbone – souvent par plantation d'arbres – ne revient pas (du tout) à supprimer les émissions carbones du trajet :

- Un arbre a besoin de nombreuses années avant d'atteindre une capacité de captation de CO_2 significative. Or, nous avons besoin de réduire nos émissions maintenant.
- L'efficacité de la captation de CO_2 des arbres n'est pas aussi forte (et constante) qu'on le pense.
- Ces plantations sont souvent des monocultures, avec un niveau de biodiversité (et donc de résilience) très bas. Résultat : 10 ans après, les arbres sont parfois tous morts (oupsi...).

Bref, payer une compensation carbone reste souhaitable pour les voyages en avion non évitables mais <u>elle ne doit pas être une raison de prendre l'avion</u>.

Démêlez le vrai du faux

Pour défendre l'écologie, il faut déjà la comprendre, alors testez-vous avez ce vrai/faux et venez démystifier vos idées reçues pour être un·e éco-citoyen·ne plus efficace !

1. La production mondiale de viande bovine pollue davantage à elle seule que celle des légumes, fruits, tourteaux, huiles et autres viandes réunies.

☐ VRAI ☐ FAUX

2. Le gaspillage alimentaire est marginal chez les particuliers.

☐ VRAI ☐ FAUX

3. Utiliser un lave-vaisselle consomme moins d'eau que laver la vaisselle à la main.

☐ VRAI ☐ FAUX

4. Pour aller de Paris à Barcelone, il vaut mieux prendre le train.

☐ VRAI ☐ FAUX

5. Investir dans une liseuse permet de moins polluer.

☐ VRAI ☐ FAUX

6. Pour les particuliers, il est plus écoresponsable de stocker ses données sur un service utilisant la technologie Cloud que les stocker localement.

☐ VRAI ☐ FAUX

7. On peut utiliser des gobelets en plastique sans culpabiliser, ils sont majoritairement recyclés.

☐ VRAI ☐ FAUX

8. La consommation électrique due aux services numériques annuelle moyenne d'un·e Français·e équivaut à un trajet parcouru en voiture de 2259 km.

☐ VRAI ☐ FAUX

9. D'ici 2200, le plastique aura remplacé les poissons dans l'océan.

☐ VRAI ☐ FAUX

10. Individuellement, il est impossible d'agir sur l'écologie.

☐ VRAI ☐ FAUX

RÉPONSES

1. VRAI. Selon l'ADEME, au stade de production et en parlant en millions de tonnes en équivalent CO_2, la viande bovine représente 7,1 $MtCO_2$, un chiffre conséquent qui dépasse tous les autres types de productions combinés. Pour l'ADEME, manger moins de viande et plus d'aliments durables permettrait de diminuer considérablement notre empreinte globale.

2. FAUX. S'il est vrai que ce ne sont pas les particuliers qui gaspillent le plus, par foyer, nous gaspillons environ 19 % de nourriture, soit 30 kg par personne et par an, dont 7 kg de déchets alimentaires non consommés encore emballés !

3. VRAI. Cette information surprend souvent, mais aujourd'hui, les lave-vaisselle sont de plus en plus économes en eau : les appareils les plus récents utilisent 7 à 15 l pour 1 cycle, contre 42 l pour laver à la main la même quantité de vaisselle.

4. VRAI. En effet, selon des comparateurs de trajets mettant en exergue le poids en CO_2e d'un trajet, faire Paris-Barcelone en avion représente 224 kg CO_2e, contre seulement 4,2 kg CO_2e en train. Le trajet est 3 h plus court en avion, mais si l'on compte la sécurité et l'attente avec l'avion, les 2 durées se valent, pour un prix et une pollution bien moindre ! Lorsqu'on peut, évitons l'avion et la voiture, et privilégions le train, le bus ou le vélo !

5. FAUX, VRAI si vous lisez beaucoup. Selon l'ADEME, pour rentabiliser l'empreinte carbone d'une liseuse, qui s'élève à 9 kg CO_2e, il faut lire 50 livres en 1 an, ou 10 en 5 ans. Si vous ne lisez pas beaucoup, privilégiez les livres au format papier !

6. FAUX. Selon l'ADEME, il est important de faire le ménage régulièrement sur ses plateformes Cloud car elles entraînent une surconsommation d'énergie liée à la création d'infrastructures et de serveurs supplémentaires pour stocker toutes les données. D'un point de vue écologique, il vaut mieux conserver ses données localement, donc. Pensez également à faire du tri dans vos mails et à vous désinscrire des sites que vous ne consultez de toute façon pas, car cela consomme de l'énergie, même si on ne dirait pas !

7. FAUX. Seul 1 % des gobelets en plastique à l'échelle mondiale est en réalité recyclé, environ 4 milliards de gobelets sont jetés chaque année en France, mis les uns sur les autres ça fait une pyramide de 7 km de haut, soit 25 tours Eiffel, rien que ça ! Utiliser une tasse ou une gourde, c'est quand même vachement mieux.

8. VRAI. Selon l'ADEME, la consommation électrique des services numériques représente 10 % de la consommation électrique annuelle d'un·e Français·e, ce qui équivaut également à laisser un radiateur de 1000 W tourner sans interruption pendant 30 jours.

9. FAUX. Le plastique aura doublement dépassé le nombre de poissons dans l'océan dès 2050, selon le Parlement européen.

10. ARCHIFAUX. On peut se sentir dépassé·e face à l'inaction des gouvernements et des plus riches, mais il ne faut pas oublier que les gestes quotidiens peuvent faire une grosse différence si nous sommes beaucoup à les appliquer ! Apprendre à maîtriser sa consommation d'énergie, faire un compost, prendre moins (voire plus du tout) l'avion, privilégier l'alimentation végétale... Il existe des tonnes de petites choses à faire pour contribuer à sauver la planète, mais surtout, se mobiliser en faveur de l'écologie pour faire changer les choses, c'est le plus important ! De nombreux·ses militant·e·s se battent au quotidien pour se faire entendre et faire changer les choses, pourquoi pas vous ?

Les choses qu'on entend tout le temps **quand on est écolo**

Quand on devient écolo, ou du moins quand on entame une transition vers un mode de vie plus engagé, on découvre BEAUCOUP de choses.

On découvre qu'on peut fabriquer sa propre lessive avec 2 ingrédients, qu'on peut réduire ses déchets facilement en changeant quelques habitudes, que le tofu correctement cuisiné c'est bien meilleur qu'il n'y paraît… Mais on découvre aussi que les clichés et idées reçues ont la vie dure ! Et que, quand on commence à consommer différemment, il faut s'attendre à tout type de remarques (plus ou moins pertinentes) de la part de son entourage !

Pour le plaisir, on vous a concocté un petit bingo écolo des phrases que l'on entend le plus souvent et quelques réponses pour vous aider à rétorquer sans difficulté.

T'es écolo mais t'as un iPhone	Tu vas finir carencé·e en mangeant végétarien…	Être écolo, c'est retourner vivre à l'âge de pierre	C'est pas tes petits gestes qui vont sauver la planète…
La France c'est que 1 % des émissions donc ça va	Tu déforestes plus que nous avec ton tofu !	Le problème, c'est les politiques et les entreprises	Si on vous écoute, on peut plus rien faire
On trouvera des solutions technologiques c'est sûr	Il fait super froid cette semaine, on le cherche le réchauffement…	On va pas arrêter de voyager quand même	Si tout le monde achète de seconde main y aura un problème…
Sur une île déserte, tu le mangerais le cochon !	Comment elle va Greta ?	Le climat a toujours changé, c'est pas nouveau…	Le vrai problème c'est la démographie de toute façon

« T'es écolo mais t'as un iPhone »

Qui peut d'ailleurs être décliné sous plein d'autres formes : « T'es écolo mais t'as pris l'avion l'année dernière », « T'es écolo mais t'as une voiture »...

Finalement ici, l'idée est d'attaquer le·a messager·ère plutôt que le message ; de pointer les imperfections de son interlocuteur·rice pour décrédibiliser son message.

Tu as raison, je ne suis pas irréprochable, mais au fond, c'est pas vraiment ça le débat non ? Tu penses qu'on doit vivre tout·e nu·e dans une grotte pour pouvoir parler d'écologie ? En plus, il doit faire froid dans une grotte, c'est pas une bonne idée d'y être tout·e nu·e.

“ Sur une île déserte, tu le mangerais le cochon ! ”

Sur une île déserte, je boirais aussi sûrement mon urine, ça veut pas dire que j'ai envie de le faire dans ma vie quotidienne !

« Il fait super froid cette semaine, on le cherche le réchauffement... »

La phrase idéale pour expliquer une bonne fois pour toute la différence entre météo et climat ! C'est le moment de prendre des notes.

Pour faire très simple : la météo c'est local et temporaire. Le climat c'est général et basé sur une tendance de long terme.

Et pour imager : la météo nous dit comment nous habiller pour la journée alors que le climat nous dit comment définir notre garde-robe pour les années à venir. Pour en savoir plus, rendez-vous aux pages 52-53.

« Tu déforestes plus que nous avec ton tofu ! »

Avoir quelques chiffres en tête, c'est l'arme secrète pour répondre aux clichés. Et quand on parle de soja et de déforestation, c'est un exemple très parlant. Pour rappel, les 3 principales causes de la déforestation sont : l'élevage bovin, la culture de soja et l'huile de palme.

Et attention, roulement de tambouuuur : 87 % de la consommation de soja de l'Union européenne, est utilisée pour... nourrir les animaux ! Donc au jeu du « c'est la faute à qui », les personnes qui mangent de la viande sont plutôt les grand·e·s gagnant·e·s... Rendez-vous aux pages 32-35 et 38-41 pour en savoir plus sur l'alimentation et l'écologie.

« C'est pas tes petits gestes qui vont sauver la planète... »

Les gestes individuels sont aussi insuffisants qu'indispensables. Dans un marché qui fonctionne à l'offre et à la demande (coucou c'est nous la demande) chacune de nos décisions d'achat et chaque comportement pèse dans la balance. Et puis ça permet aussi de montrer l'exemple au quotidien, et ça, ça a plus d'impact que ce que l'on pense !

Si parfois vous vous sentez seul·e, aux dîners de famille, au bureau, ou dans une soirée entre ami·e·s, rappelez-vous qu'on est beaucoup (BEAUCOUP) à être comme vous. À faire des petits gestes, à débattre avec tonton René qui croit que l'écologie est une nouvelle mode ; à éviter de prendre l'avion et à tester des recettes avec du topinambour en hiver quand c'est pas la saison des tomates.

Et si ça peut vous rassurer, il n'y a pas une seule phrase que je n'ai pas entendue en 4 ans de vie écolo alors **BINGOOOOO** !

Le tour de France **du *made* in France**

Placez les produits *made in* France sur la carte

1. Verres
2. Brosses à dent
3. Bocaux
4. Filets à provision
5. Couteaux
6. Cocottes
7. Petits électroménagers
8. Linges en lin
9. Jeans
10. Sous-vêtements
11. Linges blancs
12. Savons
13. Boules de pétanque
14. Monnaie
15. Jouets
16. Contenants

1
LES VERRES DURALEX
Pionnier du verre trempé depuis 1945, Duralex fabrique des produits devenus iconiques, comme l'intemporel gobelet Gigogne (exposé aux Musée des arts décoratifs de Paris).

2
LES BROSSES À DENT BIOSEPTYL
Fabricant de brosses et de brosses à dents depuis 1845, La Brosserie Française a réussi le pari de sauvegarder son savoir-faire historique, transmis de génération en génération.

3
LES BOCAUX LE PARFAIT
Les incontournables bocaux Le Parfait, permettant de conserver les aliments pendant plusieurs mois, sont fabriqués en France depuis plus de 90 ans. 50 % de la production est aujourd'hui réalisée à partir de verre recyclé.

4
LES FILETS À PROVISION FILT
Filt est une manufacture de filets et de cordons qui produit notamment en Normandie, et depuis 1860, d'authentiques filets à provisions compacts, solides et durables.

5
LES COUTEAUX OPINEL
Depuis 130 ans, le savoir-faire ancestral d'Opinel perdure. Les couteaux de poche, créés en Savoie, sont toujours fabriqués à Chambéry.

6
LES COCOTTES LE CREUSET
Depuis 1925, les cocottes en fonte émaillée le Creuset, solides et durables, restent le symbole d'une cuisine familiale et chaleureuse.

7
LE PETIT ÉLECTROMÉNAGER SEB
Yaourtières, autocuiseurs, friteuses, cocottes minutes : le groupe SEB produit du petit électroménager depuis plus de 160 ans. Le groupe SEB est depuis longtemps engagé dans les sujets de réparabilité. Des formules de location d'électroménager ou d'achats de produits reconditionnés sont aujourd'hui proposés par le groupe.

8
LE LINGE EN LIN EMBRIN LIN
Embrin Lin est une société familiale de producteurs de lin en Normandie depuis 4 générations. Au cœur de ces champs de lin familiaux sont imaginés des collections de linge de lit, de table et de bain. Le lin est la seule fibre textile originaire d'Europe, et il ne représente que 1 % du textile mondial.

9
LES JEANS TUFFERY
4 générations se sont succédées depuis 1892 à l'Atelier Tuffery, qui confectionne en Lozère des jeans, dans une logique de durabilité et d'authenticité.

10
LES SOUS-VÊTEMENTS LEMAHIEU
Fondée en 1947, l'entreprise Lemahieu est spécialisée dans la fabrication de sous-vêtements de confort et de bien-être. Lemahieu confectionne ses produits sous sa propre signature mais fabrique également pour de nombreuses marques (comme Le Slip Français par exemples).

11
LE LINGE BLANC DES VOSGES
Depuis 1843, l'entreprise fabrique et commercialise des articles de linge de maison de haute qualité. Une confection 100 % Vosges !

12
LES SAVONS DE MARSEILLE MARIUS FABRE
La famille Fabre, toujours à la tête de cette savonnerie familiale créée en 1900, fabrique des produits naturels et authentiques, comme son célèbre salon de Marseille, selon un savoir-faire ancestral.

13
LES BOULES DE PÉTANQUE OBUT
Depuis la création de l'entreprise en 1955, l'entreprise OBUT est toujours située en France.

14
LA MONNAIE DE PARIS
La Monnaie de Paris est la dernière usine en fonctionnement à Paris ! Un savoir-faire ancestral.

15
LES JOUETS EN BOIS VILAC
Des jouets en bois fabriqués dans le Jura depuis 1911 !

16
LES CONTENANTS PYREX
Des contenants de cuisine en verre solides et robustes depuis 1915.

Réponses : 1-e, 2-p, 3-h, 4-l, 5-n, 6-a, 7-k, 8-c, 9-m, 10-f, 11-i, 12-b, 13-o, 14-d, 15-g, 16-j.

Urbanisme et nature, une impossible conciliation ?

“ Is this nature ? “

Classez les propositions suivantes, du moins naturel au plus naturel :

Jardin français

Plantes sauvages de trottoir

Potager urbain

Allée de platanes

Plantes aux fenêtres

Friches

Réponses : Il n'y a pas vraiment de bonne réponse, désolé·e ! Lisez le texte, et vous comprendrez ;)

Quelle est la nature de la nature urbaine ?

Qu'est-ce que la nature urbaine ? Que peut-il bien y avoir de naturel dans les gratte-ciels de New York ou dans les tours de Londres ? Les pavés parisiens ne sont-ils pas l'absolu contraire de l'herbe des prairies normandes ? Peut-on vraiment qualifier de « nature » ces arbres alignés au millimètre des allées de Tokyo ou de Madrid ? S'il existe des potagers sur les toits des immeubles, des herbes folles entre les trottoirs et des oiseaux chantant dans les arbres des droites allées, l'idée de nature urbaine apparaît d'abord comme une contradiction. Pourtant, la crise écologique rebat les cartes.

Nature vs culture ?

D'abord, qu'est-ce que la nature ? Notre manière de concevoir la nature se construit notamment sur une opposition entre ville et campagne. Avec les révolutions industrielles successives, l'être humain maîtrise de plus en plus d'énergies et de techniques. Les villes, qui concentrent les usines et les capitaux, explosent, et le béton accompagne l'accroissement de la population. C'est avec ce phénomène d'artificialisation des espaces de vie quotidienne que se renforce, par opposition, l'idée d'une nature sauvage et libre en dehors des villes. Il y a nature dehors, essentiellement parce qu'il y a béton dedans.

D'autres éléments façonnent notre vision moderne de la nature, considérée comme une ressource à exploiter, mais l'urbanisation galopante construit aussi le grand partage entre nature et société. Les êtres humains se pensent hors des limites de la nature et agissent comme s'ils n'en faisaient pas partie. Or, les anthropologues montrent que ce grand partage n'est pas un trait commun de l'humanité. Beaucoup d'autres peuples se considèrent partie prenante de la nature et ne font pas de distinction entre cette dernière et eux-mêmes, entre nature et société. Ainsi, la « nature » a été inventée par les peuples modernes.

Changement climatique

Inventer la nature ne nous a pas permis de vivre en harmonie avec elle. Au contraire, nous avons largement déréglé son fonctionnement. Que l'on considère l'être humain comme partie prenante directe de la nature ou non, la planète se réchauffe et les phénomènes climatiques sont réels et matériels. Nous le savons officiellement depuis les années 1970, l'être humain moderne et son fonctionnement industriel et capitaliste produit les changements climatiques.

Après 50 ans d'alertes, les conséquences des changements climatiques modifient notre vision de la nature. Selon les scientifiques et les militants pour le climat, il s'agit d'arrêter de considérer la nature comme une ressource inépuisable, notamment, en prenant en compte toutes les boucles de rétroactions nous liant à elles. Il s'agit de remettre en question notre supériorité sur le monde vivant. Les changements climatiques nous rappellent notre lien profond à la nature en nous faisant sentir ses dangers. « Nous sommes la nature qui se défend », scandent certains militants écologistes.

Retour de la nature urbaine

Nous prenons progressivement en compte les impératifs de la transition écologique et, dans les villes, la nature a à nouveau la côte. Les pouvoirs publics favorisent la végétalisation, les potagers urbains se multiplient et on publie même des classements des villes les plus vertes comme indicateurs d'attractivité. Nous nous rendons compte que la végétation permet de réguler la température des villes, qu'il pourrait être intéressant de produire des légumes en circuit court pour limiter les transports, que la nature urbaine favorise les écosystèmes et les espèces menacées comme les abeilles ou les moineaux. La nature fait donc progressivement son retour dans les villes qui deviennent de plus en plus vertes. « Moins de béton, plus de moutons », disent d'autres militants écologistes.

Pour autant, un dernier slogan permet de questionner les progrès apparents des villes vertes : « Fin du monde, fin du mois, même combat ». La résolution des enjeux environnementaux doit être pensée en cohérence avec la lutte contre les inégalités. Justice climatique et justice sociale ne sont pas opposables. Or, certains sociologues observent que la nature urbaine peut parfois être utilisée comme outil de distinction par les classes sociales les plus élevées. Effectivement, on observe qu'elle peut servir à gentrifier certains quartiers lorsqu'elle fait monter les prix de l'immobilier, on observe également qu'elle est parfois utilisée comme objet marketing de *greenwashing* justifiant de grands projets polluants qui comprennent leur part de vert. En ce sens, la nature urbaine peut aussi être paradoxalement l'alliée de l'inertie et, in fine, des destructions environnementales.

Les villes doivent devenir vertes, mais planter des arbres n'est pas suffisant. Il est essentiel de limiter les nouveaux projets d'artificialisation des sols, de développer des potagers en ville et de favoriser les écosystèmes urbains. Pour autant, il parait non moins essentiel de le faire sans mettre de côté une part défavorisée de la population et en cohérence avec la lutte contre les inégalités :

“ L'écologie sans lutte des classes, c'est du jardinage ”

À vous de jouer : choisissez une lettre au hasard. Chacun·e doit trouver un mot commençant par cette lettre dans les différentes catégories !

Associations autour de l'écologie	Enjeux écolos	Militant·e·s écolos	Espèces en voie de disparition (végétales ou animales)	Petits gestes écolos du quotidien	Autour de la question climatique	Activités pour des vacances green	T
Total :							

Pour jouer, retournez le cahier pour que chacun·e soit face à son tableau. 2 points par bonne réponse. 1 point en cas d'égalité. Que le·a meilleur·e gagne !

Associations autour de l'écologie	Enjeux écolos	Militant·e·s écolos	Espèces en voie de disparition (végétales ou animales)	Petits gestes écolos du quotidien	Autour de la question climatique	Activités pour des vacances green	T
Total :							

Vivre ensemble dans le respect de la nature, **c'est possible ?**

Dans nos sociétés modernes, vivre en cohésion avec la nature n'est pas toujours facile ; c'est un apprentissage qui prend du temps, et qui nécessite de s'en rapprocher pour faire sa connaissance, se caler au rythme de ses saisons et de ses productions… Cela peut paraître compliqué, mais c'est tout à fait possible. Suivez le·a guide !

C'est dans ce but que certain·e·s décident de vivre en communauté au sein d'écolieux. Mais alors c'est quoi, un écolieu ? Il n'y a pas vraiment de consensus, car ils peuvent prendre des formes très différentes, mais ce sont des lieux qui s'organisent de façon volontaire autour de plusieurs valeurs et volontés communes :

VIVRE EN COMMUNAUTÉ, VOIRE EN GOUVERNANCE PARTAGÉE

- Vivre avec d'autres personnes partageant les mêmes valeurs ;
- Pouvoir s'organiser en groupe, faire du troc, du partage, organiser des chantiers participatifs, partager des repas et des ressources à hauteur de ses moyens physiques comme économiques… ;
- Vivre ensemble ne veut pas dire être tout le temps ensemble et ne pas avoir de libertés ! L'idée est de prendre des initiatives communes, avec des parties communes qui nécessitent de se réunir, de discuter et de gérer ensemble, mais chacun·e chez soi, à son rythme.

CONSOMMER PLUS DURABLEMENT

- Souvent bio et/ou local et/ou végétarien/vegan ;
- Faire attention aux produits utilisés, les choisir les plus bio et sans produits chimiques possible – à hauteur de ses moyens ;
- Éviter le plastique autant que possible.

FAIRE ATTENTION À SA CONSOMMATION D'ÉNERGIE ET D'EAU

- Il est possible d'organiser un système de panneaux solaires commun ;
- Dans certains écolieux, construire son écohabitation avec des toilettes sèches pour faire des économies d'eau est un prérequis.

VIVRE EN ACCORD AVEC LA NATURE ET ALLER VERS L'AUTOSUFFISANCE

- Cela peut passer par de nombreuses choses, comme le travail de la terre, la plantation de nombreux végétaux, l'adoption commune de poules… ;
- Habiter dans des maisons écologiques est un point majeur de la vie en écolieu ! Découvrez-en quelques-uns en détails à la page suivante.

Trouverez-vous le chemin vers l'écolieu ?

VIVRE DANS UN ÉCOLIEU

En somme, la valeur principale est le **respect de la nature** et ainsi de l'**écologie**. Bien sûr, tous les écolieux diffèrent selon leur emplacement, leurs habitant·e·s, leurs objectifs et les règles établies. Car en effet, vivre ensemble, ça ne se fait pas comme ça : ça s'apprend ! Les écolieux sont fondés sur un règlement intérieur et un point sur les valeurs partagées par leurs habitant·e·s pour s'assurer que tout le monde est bien sur la même longueur d'onde.

De plus, chaque écolieu doit impérativement choisir un statut juridique (copropriété, association syndicale libre, société coopérative d'intérêt collectif ou encore coopérative), c'est important, donc renseignez-vous bien avant de vous lancer !

En somme, c'est un mode de vie choisi où l'on apprend à vivre ensemble et avec la nature. Sachez que vivre en écolieu, ce n'est pas si compliqué ! Vivre dans une habitation originale qui attise la curiosité de tou·te·s avec des personnes qui partagent les mêmes valeurs, c'est très sympa, ça change des villes, du béton et de la déconnexion au vivant et à l'autre que l'on connaît un peu partout ailleurs !

Si ce mode de vie vous intéresse, n'hésitez pas à vous renseigner sur ceux qui existent dans votre région et à aller les voir : la plupart du temps, vous pouvez les visiter ! Avec un peu de chance, vous pourrez peut-être même trouver un écovillage où passer quelques jours pour vos vacances !

Pour plus d'infos sur les écolieux, découvrez *Écolieux*, de Kévin Simon, publié aux Éditions La Plage !

Réponses du labyrinthe :

Ok, mais dans quel genre d'habitation ?

Saviez-vous que vous n'êtes pas obligé·e de vivre dans une maison classique ? Il existe différentes maisons dites « biologiques », voire « bioclimatiques » ou même passives. Mais dans quelle mesure le sont-elles vraiment ? Quelle habitation choisir lorsqu'on veut habiter plus écologiquement et durablement ? Quand on parle d'écoconstruction, il n'y a pas vraiment de limites : chaque jour, les maisons écolos sont améliorées, repensées et réinventées pour être toujours plus écologiques et pratiques pour leurs habitant·e·s. Sachez donc que tout est possible ! Cela étant dit, certains types d'habitations sont plus en vogue que d'autres, les connaissez-vous ?

Reconnaissez-vous les différents types d'écohabitations ?

Yourte — Kerterre — Maison bois/paille

Écoquille — Tiny house — Maison passive

1

2

3

4

5

6

Réponses : 1. Maison passive. **2.** Maison bois/paille **3.** Kerterre. **4.** Tiny house. **5.** Yourte. **6.** Écoquille

Yourte

Habitation faite de bois, de toile et de laine de mouton, elle nous vient de Mongolie où elle était nomade. Chez nous, elle est plus souvent sédentaire. C'est une habitation très agréable à vivre et biologique, mais elle n'est pas bioclimatique.

+ Impact environnemental très réduit
+ Matériaux faciles d'accès et peu onéreux
+ Très abordable financièrement
- Mauvaise isolation phonique et thermique
- Nécessite d'être bricoleur·se
- Nécessite un entretien régulier

Écoquille

Cette maison, livrée en kit, repose sur le principe de l'auto-construction. Sa forme ronde lui donne un air de coque de bateau renversée, et a inspiré son nom. C'est un habitat confortable, avec une forme qui le rend unique, des matériaux biologiques et un coût plus bas qu'une maison classique.

+ Bonne isolation phonique et thermique
+ Isolant de chanvre, de laine de bois ou autre
+ Toit fait de tuiles de liège imperméabilisées
+ Système unique de ventilation de toiture, dite « dynamique », qui permet l'évacuation des grosses chaleurs en été, et ne pose pas de problème l'hiver
- Type d'habitation très récent, encore en perfectionnement
- Nécessite d'être bricoleur·se

Kerterre

Son nom provient du breton et signifie « foyer ». Venue de Bretagne dans les années 1990, elle résiste aux intempéries et au temps. Ses murs sont faits de sable, de chaux, d'eau et de chanvre. Ils sont lissés et chaulés à l'intérieur comme à l'extérieur. Une fois leur séchage terminé, ils sont durs et solides comme de la pierre.

+ Solide et durable
+ Facile à chauffer l'hiver, fraîche l'été grâce à ses murs de chanvre
- N'existe pas en très grande taille pour le moment

Tiny house

Venue des États-Unis dans les années 2000, cette habitation est montée sur un châssis à roue pour pouvoir être tractée. Elle s'adressait au début aux petits budgets et était faite de matériaux recyclés, prônant simplicité et sobriété volontaire. À l'intérieur : placards coulissants, espaces transformables, tablettes rabattables, meubles modulables ou hybride, tout pour le gain de place au moindre coût.

+ Peu coûteuse
+ Si les matériaux utilisés sont biologiques, on aura au final une maison avec un impact très minime sur l'environnement
- Trop petite pour vivre à plus de 2 personnes
- Nécessite d'être bricoleur·se pour la faire soi-même à moindre coût
- N'est plus aussi peu chère qu'à ses débuts

Maison bois/paille

Il existe plusieurs techniques pour construire cette habitation, selon que les murs de bois sont porteurs ou demi-porteurs. Dans un cas le bois ne sera pas visible alors que dans l'autre il sera apparent. Parfois, c'est la paille qui est « porteuse » et constitue les murs. Très utilisée au XIXe siècle aux États-Unis, ce type d'habitation est encore répandu en Angleterre, et tend à revenir chez nous.

Quelle que soit la technique employée, cette maison est l'une des plus intéressantes du point de vue bioclimatique grâce à ses murs de paille chaulés dedans et dehors.

+ Très bonne isolation thermique et phonique
+ Température agréable à l'intérieur : reste fraîche l'été, et facile à chauffer l'hiver donc minimise les dépenses de bois
- Aussi coûteuse qu'une maison classique

Maison passive

Il s'agit ici d'une isolation thermique particulière car elle se fait par l'extérieur de la maison. Ce qui définit ce genre d'habitation n'est donc pas forcément visible à l'œil nu. On l'appelle parfois « maison sans chauffage » car il s'agit du type d'habitation le mieux isolé à l'heure actuelle. Encore peu répandue en France, sa généralisation dans le neuf a débuté en 2022 pour permettre de réduire la consommation énergétique des bâtiments. L'ossature est en bois ou en briques monomur, qui permettent d'isoler davantage la maison et qui sont très durables.

+ Performance de l'isolation et régulation de l'humidité très efficace
+ Pas de perte de surface habitable intérieure car l'isolation est placée à l'extérieur
- Aussi coûteuse voire plus qu'une maison classique
- Nécessite un·e architecte, possibilité de faire les plans soi-même mais le côté auto-construction est moins présent

Ces 6 types d'habitations ne sont pas les seuls existants : il en existe bien d'autres, pour la plupart des dérivées ou des ancêtres de ceux-ci. Depuis que l'être humain habite sur cette planète, il a dû se mettre à l'abri des intempéries et dans le domaine de la construction, l'imagination humaine est très fertile. Petit à petit l'habitat biologique ou bioclimatique gagne du terrain. Souhaitons qu'un jour chacun·e soit logé·e de cette manière, qui est un plus pour notre santé et pour notre environnement.

Si vous vous intéressez à l'auto-construction et aux habitations écologiques, découvrez le magazine *La Maison écologique*, très complet sur le sujet !

Militant·e·s écolos d'hier et d'aujourd'hui

Saurez-vous trouver les noms et prénoms de ces militant·e·s écologiques ?

1. Il a mis en lumière le théorème du Vaquita, le bien-être animal et l'écologie sont ses priorités.
2. Les vacances peuvent être le bon moment de (re)découvrir ses films d'animation sur fond d'écologie.
3. Profitez d'un temps libre pour (re)lire sa BD *Le monde sans fin*.
4. Écologie rime avec LGBTQI dans son ouvrage *Écologies déviantes*.
5. Le militantisme n'attend pas le nombre des années.
6. Pionnière de l'écoféminisme et écrivaine prolixe.
7. Le célèbre père de l'agroécologie en France.
8. Sea Shepherd la remercie depuis 2006.
9. Actrice française très connue, elle appelle à se soulever pour la Terre.
10. *Sois-jeune et tais-toi*, quand jeunesse rime avec engagement.
11. Partie prenante des expéditions du fameux océanologue au bonnet rouge, pour lui, l'humanité disparaîtra et bon débarras !
12. L'écologie pirate pour se libérer.
13. Militante ougandaise inspirée par sa consœur suédoise, elle se mobilise pour le climat.
14. Jean-Jacques et Sandrine même combat !
15. L'info de Blast souffle en partie grâce à elle.
16. Acteur américain célèbre pour son engagement écologique qui renaît toujours de ses cendres.
17. Explorateur des fonds marins et adorateur de l'océan, vous le connaissez tous pour son combat écologique du siècle dernier, ainsi que pour son très célèbre bonnet rouge.
18. Presque la fameuse chanteuse canadienne.
19. Le terme « écologie » lui doit la vie, rien que ça !
20. Avant l'orage, elle lutte pour la justice sociale et climatique.

1. Hugo Clément : Journaliste et militant écologique, Hugo Clément se positionne pour l'écologie et la protection et le bien-être des animaux, notamment en collaboration avec L214. Il a publié plusieurs livres sur le sujet, comme *Les Lapins ne mangent pas de carottes*, ou encore *Journal de guerre écologique,* aux éditions Fayard.

2. Hayao Miyazaki : Animateur et réalisateur du studio Ghibli, au Japon. Il réalise de nombreux films d'animation qui ont pour thème (principal ou non) l'écologie et sa préservation. On peut notamment citer *Princesse Mononoké* et *Nausicäa.*

3. Jean-Marc Jancovici : Ingénieur écologiste spécialiste des questions énergétique, Jean-Marc Jancovici est l'auteur de la BD *Le Monde sans fin*, dans lequel il évoque le changement climatique et les énergies. Il a également mis en place le Bilan Carbone® avec l'ADEME (l'agence de l'environnement et la maîtrise de l'énergie) afin de réduire les impacts carbone.

4. Cy Lecerf-Maulpoix : Journaliste indépendant et membre de collectifs LGBTQI engagés pour l'écologie, Cy Lecerf-Maulpoix est un militant de l'écologie queer. Il a notamment publié *Écologies déviantes* aux Éditions Cambourakis, qui révèle des liens forts et anciens entre l'écologie et les mouvements queers.

5. Greta Thunberg : Jeune militante écologiste suédoise, Greta Thunberg n'a que 15 ans quand elle se fait connaître pour ses protestations contre l'inaction de son gouvernement face à l'urgence climatique, en 2008, et elle ne s'est pas arrêtée là.

6. Françoise D'Eaubonne : Pionnière de l'écoféminisme, militante très engagée et écrivaine prolixe, Françoise d'Eaubonne est à l'origine du terme « écoféminisme » lui-même, ainsi que de l'établissement du lien entre écologie et patriarcat.

7. Pierre Rabhi : Paysan et écrivain, Pierre Rabhi est célèbre pour son engagement dans l'agriculture écologique en France et ses valeurs humanistes et de solidarité. Il a également fondé ou initié plusieurs associations à visée écologique comme Terre & Humanisme ou le mouvement écologique Colibris, avec Cyril Dion.

8. Lamya Essemlali : Co-fondatrice de Sea Shepherd Origins, Lamya Essemlali est, depuis 2008, la présidente de la branche française de l'organisation. Elle est très engagée pour la conservation de la vie marine, des animaux et de l'environnement en général.

9. Marion Cotillard : Célèbre actrice, Marion Cotillard est très engagée pour l'écologie. Elle co-fonde notamment en 2022 une société de production avec Cyril Dion et Magali Payen, Newtopia. L'objectif est de proposer des récits autour d'un monde soutenable avec des acteur·ice·s engagé·e·s pour l'écologie.

10. Salomé Saqué : Journaliste engagée en faveur de l'environnement à BLAST, Le souffle de l'info, elle s'engage contre le réchauffement climatique et pour la jeunesse.

11. Yves Paccalet : Collaborateur du commandant Cousteau, militant écologiste et écrivain prolixe, Yves Paccalet est depuis longtemps engagé pour la cause environnementale.

12. Fatima Ouassak : Militante écologiste, féministe et antiraciste, Fatima Ouassak est également écrivaine et a publié en 2023 *Pour une écologie pirate*, un ouvrage qui prône un projet écologiste qui engloberait les invisibilisé·e·s et libérerait.

13. Vanessa Nakate : Militante écologiste ougandaise, Vanessa Nakate s'inspire de Greta Thunberg et lance un mouvement contre l'inaction de son gouvernement face à l'urgence climatique. Elle débute seule son action et parvient à mobiliser.

14. Jean-Jacques Rousseau et Sandrine Rousseau : Philosophe des Lumières, Jean-Jacques Rousseau était très attaché à la nature et était écologiste avant l'heure. Sandrine Rousseau est quant à elle une politicienne et économiste écologiste, élue députée depuis 2022.

15. Paloma Moritz : Journaliste engagée en faveur de l'environnement à BLAST, Le souffle de l'info, Paloma Moritz alerte sur l'urgence écologique.

16. Joaquin Phoenix : Célèbre acteur américain ayant notamment endossé le rôle du Joker, pour lequel il a obtenu un Oscar en 2020, Joaquin Phoenix est également très engagé pour la protection de l'environnement et le bien-être animal – il est même vegan depuis ses 3 ans.

17. Commandant Cousteau : Jacques-Yves Cousteau – plus connu sous le nom de commandant Cousteau – était un officier de la marine et un explorateur océanographe. Fasciné par les océans, il s'est battu pour leur préservation ainsi que pour celle des récifs coralliens en tant qu'ambassadeur des océans. Il est aujourd'hui assez controversé.

18. Cyril Dion : Écrivain, militant écologique et réalisateur, il co-fonde notamment la société de production Newtopia avec Marion Cotillard et Magali Payen, et Colibris, un mouvement écologiste avec Pierre Rabhi. Il rappelle dans tous ses ouvrages et films l'urgence climatique et dénonce l'inaction des gouvernements.

19. Ernst Haeckel : Biologiste et penseur allemand, à qui l'on doit le terme « écologie » lui-même. Ses travaux sont aujourd'hui controversés.

20. Camille Étienne : Militante écologiste française et activiste pour la justice sociale et climatique, Camille Étienne se mobilise pour l'écologie aux côtés de Greta Thunberg et de bien d'autres militant·e·s. Elle forme le duo « Avant l'orage » avec le réalisateur Solal Moisan pour mettre en lumière les enjeux climatiques.

Consommer responsable **au quotidien**

La consommation responsable est un levier d'action individuelle qui peut être puissant quand on sait vers quoi diriger ses actions (car non, aller chercher ses courses bio en 4x4 n'est pas très impactant !). Toutes les actions individuelles ne se valent pas, et dans ce cahier de vacances vous trouverez les plus importantes en termes d'effets positifs : opter pour la mobilité douce, végétaliser au maximum son alimentation, et investir dans des entreprises et dispositifs éthiques.

Mais au fait, la consommation responsable, c'est quoi ?

Quand on pense « consommation responsable », on imagine des produits bio, issus du commerce équitable ; à la mode éthique, à ses vêtements fabriqués en France ou en Europe, en lin, en chanvre, etc. ; à l'artisanat local, aux objets en matières nobles.

Finalement, la consommation responsable, c'est une manière de combler ses besoins matériels de la façon la plus soutenable d'un point de vue écologique et social.

Mais si je vous disais que la consommation la plus responsable est celle qui n'existe pas ?

Que les objets les plus écologiques sont ceux qui n'ont jamais été créés ni achetés ?

“ Un pantalon à 150 €, mais qui achète ça ? ”

“ Je n'ai pas les moyens de manger bio ! ”

La consommation responsable, c'est que pour les riches ?

Quand on sait que les actions au bilan carbone le plus catastrophique sont prendre l'avion, laisser son argent dans des banques qui s'en servent pour financer les énergies fossiles, et manger de la viande, on comprend vite qu'au contraire : ce sont les personnes qui ont le plus d'argent qui ont le pire impact !

Aussi, on va se prendre un grand bol de déculpabilisation, et être honnête avec soi-même :
« Comment est-ce que je peux rendre ma consommation la plus responsable possible, de là où je suis, avec les moyens que j'ai ? »

Alors du coup, comment on fait ?

Eh bien j'ai l'arme ultime pour vous guider vers une consommation plus responsable tout au long de l'année, j'ai nommé : la méthode BISOU !

Je vous ai perdu·e·s ?
Non il ne s'agit pas d'aller embrasser la première personne venue pour faire des économies (enfin, à vous de voir !)

La méthode BISOU est un moyen mnémotechnique composé de **5 questions à se poser lorsque survient une pulsion d'achat** – c'est en quelque sorte un désintégrateur d'achat compulsif !

Avec ces 5 questions dans votre besace mentale, les achats que vous ferez désormais seront conscients et réfléchis !

La méthode BISOU n'a pas vocation à ce que vous n'achetiez plus rien du tout, elle est simplement là pour amener une prise de recul, vous faire faire des économies, et éviter les regrets !

C'est très simple, à chaque lettre du mot BISOU correspond une question !

B COMME BESOIN
À quel besoin cet achat répond-il chez moi ?

On parle ici de nos besoins profonds, psycho-affectifs.
Attention au contre-sens, la question ici n'est pas : « Est-ce que j'en ai besoin ? »
Le marketing est très fort pour agir sur nos véritables besoins, qui sont liés à des peurs viscérales.

Voici de quoi il peut être question :
- Peur de manquer (faut-il vraiment acheter un pack de 4 bidons de lessive ?)
- Peur de l'inconnu (ne jamais remettre en question ses achats habituels)
- Besoin de faire partie du groupe/peur d'être rejeté·e (achats pour se conformer, notamment en matière de vêtements ou de cosmétiques)
- Besoin de montrer son attachement (typiquement le cas des cadeaux)
- Manque de confiance en soi (achats de produits en lien avec le développement personnel par exemple)
- Culpabilité (compenser un mauvais comportement par des achats)

Ce qu'il est important de retenir dans cette partie, c'est que tous nos besoins sont légitimes et doivent être entendus. L'enjeu sera alors de voir comment nous pouvons y répondre autrement que systématiquement par un achat !

I COMME IMMÉDIATETÉ
En ai-je besoin immédiatement ?

L'immédiateté est la meilleure amie de l'achat compulsif !
Comme son nom l'indique, l'achat compulsif se fait dans l'instant, sans aucun délai ni recul.
Les professionnel·le·s de la vente le savent bien : l'effet d'urgence, ça marche du tonnerre !
« Promotion jusqu'à ce soir seulement », soldes sur un temps limité, tout est fait pour nous faire passer à l'acte d'achat le plus vite possible !
Du coup, vous l'aurez compris, tout ce qui va mettre du temps entre la pulsion d'achat et l'achat lui-même sera bénéfique !

Voici ce que vous pouvez faire :

- Vous désabonner du maximum de sollicitations que vous pouvez recevoir (newsletters, publicités dans la boîte aux lettres en mettant un stop pub…)
- Passer moins de temps sur les écrans (télévision, réseaux sociaux) afin d'éviter la publicité
- Passer moins de temps dans les magasins, et uniquement avec un but précis
- Si une envie d'achat imprévue survient : notez-la sur une liste d'envies !

Généralement, si vous revenez à votre liste au bout de 15 j, l'envie n'est plus là !

S COMME SEMBLABLE
Est-ce que j'ai quelque chose de semblable qui peut faire l'affaire ?

Lorsque nous avons envie ou besoin de quelque chose, nous avons souvent tendance à aller au plus simple : l'acheter dans un magasin ou le commander.
PAUSE !
Pendant les 15 j où cette envie est posée sur votre liste, demandez-vous s'il n'y aurait pas moyen de l'acquérir autrement, ou même de pouvoir en tirer les bénéfices sans l'acheter neuf.
Par exemple, on n'a pas tou·te·s besoin de posséder TOUS les appareils qui existent dès qu'on a besoin de s'en servir.

Vous pouvez à la place :
- Louer l'objet
- Vous le faire prêter
- L'acheter à plusieurs, par exemple entre voisin·e·s ou en famille
- Voir si quelqu'un ne cherche pas à le donner, par exemple sur une application comme GEEV ou un groupe Facebook local
- L'acheter d'occasion
- Le fabriquer vous-même
- Vous en passer en faisant autrement !

O COMME ORIGINE
Quelle est l'origine de cet objet ?

Dans cette partie, vous allez vous interroger sur vos valeurs profondes.

- L'objet que vous souhaitez acheter et l'entreprise qui le produit sont-ils en accord avec vos convictions ?
- Cet objet a-t-il nécessité énormément de ressources pour sa fabrication, son transport ?
- Les personnes qui l'ont fabriqué sont-elles payées correctement et/ou traitées décemment ?
- Et même : à qui avez-vous envie de donner votre argent, qui souhaitez-vous favoriser ?

U COMME UTILITÉ
Cet objet va-t-il m'être vraiment utile ?

Si vous lisez ce cahier de vacances, il y a de fortes chances pour que vos besoins vitaux soient comblés. Vous avez probablement un toit sur la tête et assez à manger chaque jour.
Aujourd'hui, la question de l'utilité est donc assez floue, et propre à chacun·e.
Une personne va se contenter d'avoir 6 tenues, alors qu'une autre va trouver utile un 30e T-shirt.
Une personne va trouver primordial l'achat d'un extracteur de jus, l'autre d'avoir plusieurs abonnements de streaming.
Là encore, le marketing est fort à nous créer des besoins, en nous proposant toujours des nouveautés. Et nouveauté ne veut pas dire progrès ni utilité !

Une seule question :
- Est-ce que cet objet va vraiment faciliter/transformer/améliorer votre vie quotidienne ?
  Si ce n'est pas le cas, vous savez ce qu'il vous reste à faire !

Saurez-vous retrouver tous les mots concernant la consommation éthique ?

O	B	É	A	T	E	I	P	O	T	U	D
C	N	C	C	E	E	U	Q	I	H	T	É
C	O	O	H	J	I	G	S	O	É	R	C
A	I	L	A	O	U	E	D	C	T	A	R
S	T	O	T	R	T	G	O	U	N	L	O
I	A	G	E	P	P	N	F	U	B	E	I
O	C	I	L	R	O	A	E	K	C	N	S
N	O	E	Ê	M	R	H	K	G	W	T	S
N	L	T	I	D	L	C	G	I	R	I	A
L	K	E	J	X	S	É	F	U	R	A	N
N	O	I	T	A	M	M	O	S	N	O	C
R	Q	E	N	T	R	A	I	D	E	L	E

ACHAT
ARGENT
BUDGET
CONSOMMATION
DÉCROISSANCE

ÉCHANGE
ÉCOLOGIE
ÉCONOMIE
ENTRAIDE
ÉTHIQUE
LOCATION

OCCASION
PRÊT
PROJET
RALENTI
UTOPIE

Réponses :
Vous avez tout trouvé ? Bravo, vous êtes désormais incollable sur la consommation responsable ! Mention spéciale si vous avez également trouvé l'intrus, le mot « bisou », qui n'est finalement pas tant un intrus !

Mon BBQ, sera écoresponsable **ou ne sera pas !**

Pourquoi dit-on que la viande est l'aliment le plus polluant ? Vaut-il mieux acheter en vrac ou bio ? Un aliment local est-il forcément écologique ? Les pages suivantes vous proposent les réponses à tous ces questionnements et vous donnent des clés simples et claires pour enfin savoir comment choisir des aliments (vraiment) plus écoresponsables sans frustrations.

Les chiffres-clés à avoir en tête

14,5 %

des émissions de gaz à effet de serre dans le monde sont imputables à l'élevage (source : FAO).

10 %

du bilan carbone moyen total d'un·e Français·e provient uniquement de sa consommation de viande, soit 920 kg de CO_2e (source : Carbone 4).

36 %

de la consommation (directe et indirecte) d'eau d'un·e Français·e provient de sa consommation de viande. (Source : Marco Springmann, « Options for Keeping the Food System within Environmental Limits », *Nature*, vol. 562, octobre 2018).

Remplissez les blancs à l'aide des nombres suivants :

18 - 70 - 37

En France, _____ % des surfaces agricoles sont mobilisées par la production de viande, alors que cette dernière ne représente que _____ % des calories et _____ % des protéines consommées (source : FAO).

Réponses : 70, 18, 37

Les livres à lire à la plage cet été

- *Carnage*, Jean-Marc Gancille (Éditions Rue de l'Échiquier)
- *Faut-il manger les animaux ?*, Jonathan Safran Foer (Éditions de l'Olivier)
- *Le Guide de l'alimentation durable*, Aline Gubri (Éditions Thierry Souccar)
- *Vegan débutant*, Marie Laforêt (Éditions La Plage)
- *3, 2, 1... climatarien·ne*, Mélanie Sancery-Gay (Éditions Jouvence)

Pourquoi les aliments d'origine animale – et particulièrement la viande – sont-ils si polluants ?

Peut-être auriez-vous envie de répondre que l'explication se trouve dans les contaminations des sols et des eaux souterraines par l'azote et le phosphore des déjections des élevages ; ou encore dans les quantités importantes de méthane – un gaz à l'effet de serre puissant – émis par les pets et les rots des ruminants.

Bien que ces pollutions soient réelles et problématiques, la réponse se trouve avant tout dans la production massive de céréales et de légumineuses (maïs, blé, soja…) nécessaire à l'alimentation des animaux. La production de 1 seul kg de viande de bœuf nécessite en moyenne **7 à 10 kg de céréales**. Leur culture mobilise de grandes surfaces agricoles, consomme de l'eau pour l'irrigation des champs, émet des gaz à effet de serre et utilise des intrants (engrais, pesticides…). Transformer ces protéines végétales (parfaitement consommables par l'homme en l'état) en protéines animales donne lieu à une perte gigantesque de ces ressources. En moyenne, 100 g de protéines végétales données en alimentation au bétail ne produit que 20 g de protéines animales (dans le cas de la viande de bœuf).

Devinez combien ces 3 menus émettent de gaz à effet serre en kg équivalent CO_2 (Eq CO_2).

1. 2,46 CO_2e
2. 5,09 CO_2e
3. 1,71 CO_2e

Source : ADEME.

Réponses : A : **2,46 kg équivalent CO_2** (glace à la vanille = 0,19 + salade niçoise = 1,08 + poulet au curry avec riz = 1,19)
B : **5,09 kg équivalent CO_2** (salade de tomates de saison = 0,1 + pannacotta = 0,54 + steak/frites = 4,45)
C : **1,71 kg équivalent CO_2** (salade avec sauce = 0,08 + tarte tatin = 0,48 + lasagnes végétariennes = 1,15)

La Commission EAT-Lancet[1] sur l'alimentation, l'environnement et la santé (principalement composée de chercheur·se·s scientifiques internationaux de ces 3 domaines) préconisait dans son rapport de 2019 de réduire notre consommation individuelle de viande (et de produits laitiers) de moitié et d'augmenter celle de fruits, légumes, légumineuses (pois chiches, haricots secs, lentilles…) et de céréales complètes.

1 Disponible sur : www.eatforum.org/eat-lancet-commission

« Le soja, ça déforeste l'Amazonie, donc c'est pas plus écolo »

Eh bien non Gérard. La culture intensive de soja est, certes, responsable de déforestations massives en Amazonie brésilienne. Mais, petit détail souvent oublié par les utilisateurs de cet argument, le soja d'Amazonie sert quasi exclusivement à nourrir les animaux des élevages intensifs américains et européens ! Les produits alimentaires à base de soja pour la consommation directe vendus en France (tofu, boisson de soja…) sont quasi systématiquement conçus à base de soja cultivé en France. La prochaine fois que vous rétorquez ça à un·e amateur·rice de barbaque un peu provocant·e, pensez à moi et aux réponses du bingo des pages 14-15.

Comment consommer **moins** (et mieux) de viande ?

Si arrêter complètement la viande n'est pas pour vous, la solution pour réduire facilement les impacts de votre consommation de viande (et de produits d'origine animale de façon générale) : en consommer moins et mieux.

Reliez chaque aliment à son numéro de classement :

Mouton et agneau 	**1.** 0,7 kg éq. CO2, 50 l d'eau.
Bœuf 	**2.** 6,9 kg éq. CO_2, 535 l d'eau.
Porc 	**3.** 12,1 kg éq. CO_2, 1174 l d'eau.
Lentilles 	**4.** 27 kg éq. CO_2, 1395 l d'eau.
Volaille 	**5.** 39 kg éq. CO_2, 1016 l d'eau.

À noter : comme détaillé à la page 10, « éq. CO_2 » est l'abréviation de « équivalent CO_2 », l'unité de mesure des gaz à effet de serre.

Réponses : 1. Lentilles : 0,7 kg éq. CO_2[1], 50 l d'eau[2].
2. Volaille : 6,9 kg éq. CO_2[3], 535 l d'eau[2].
3. Porc : 12,1 kg éq. CO_2[3], 1174 l d'eau[2].
4. Mouton et agneau : 39 kg éq. CO_2[3], 1016 l d'eau[2].
5. Boeuf : 27 kg éq. CO_2[3], 1395 l d'eau.

1 Source : www.wwf.ch/fr/nos-objectifs/viande-et-produits-laitiers
2 Exclut du calcul l'« eau verte ». Source : www.qqf.fr/infographie/47/la-viande
3 Source : www.lemonde.fr/les-decodeurs/article/2018/12/11/pourquoi-la-viande-est-elle-si-nocive-pour-la-planete_5395914_4355770.html

En consommer moins :

- **Réduire la fréquence des repas à base de viande.** À vous de choisir votre objectif : manger de la viande uniquement 3 fois par semaine, seulement le week-end, etc. **Il s'agit d'un des écogestes les plus efficaces que vous puissiez adopter à votre échelle.**
- **Réduire les portions.** Détachez-vous des portions préconçues habituelles. 2 blancs de poulet en morceaux suffiront largement à concocter 4 portions de curry au poulet. Idem pour les pâtes bolognaises, qui pourront être préparé·e·s avec l'équivalent d'une moitié ou d'un tiers de steak haché par personne.

À quoi ressemble une assiette équilibrée sans viande ?

Il s'agit en réalité de s'éloigner du modèle « 1 protéine + 1 accompagnement » et d'intégrer au plat un aliment riche en protéines : lasagnes aux lentilles et à la mozzarella, curry de pois chiches au lait de coco, riz mexicain épicé aux haricots rouges et à la tomate…

Quels aliments sont riches en protéines et en fer ? Les lentilles (vertes, corail…), les haricots secs (noirs, blancs, rouges, azukis…), les pois chiches, les fèves, le soja, les pois cassés… Vous l'aurez compris, les **légumineuses** en général.

Le tofu, ce grand incompris

Le tofu – un aliment à base de soja, traditionnellement utilisé dans la cuisine chinoise, japonaise, coréenne, vietnamienne et thaïlandaise – n'a pas particulièrement de goût… Véritable éponge à saveurs, il absorbe le goût des ingrédients dans lesquels il est mariné ou cuit (il est également possible d'acheter des tofus fumés ou déjà cuisinés). C'est pour cela que dire « je n'aime pas le tofu » n'a pas tellement de sens. Il s'agit plutôt de dire « je n'aime pas telle ou telle façon de préparer le tofu ». Si vous en avez goûté une fois et n'en avez pas été fan, n'abandonnez pas car bien préparé, il peut être gourmand, croustillant, fondant ou avoir de la mâche.

Et le poisson dans tout ça ?

Le poisson d'élevage, ce n'est pas parfait. Mais au moins, ça évite la surpêche.

☐ VRAI ☐ FAUX

Réponse : Faux.

Aujourd'hui dans le monde, 93 % des stocks de poissons sauvages (selon WWF) sont surexploités ou exploités à leur niveau maximum durable. En cause, la pêche industrielle, qui a recours à des techniques destructrices des milieux marins. C'est le cas par exemple de la drague (un casier rigide – tiré par un navire – doté d'une lame servant à racler les fonds marins et à collecter des coquillages), qui détruit ainsi le fond marin sur une dizaine de cm de profondeur. Autre problème de la grande majorité des techniques de pêche : elles capturent involontairement de nombreuses espèces marines (poissons, tortues, dauphins, raies…). Le volume de ces « prises accidentelles » dépasse parfois celui de l'espèce ciblée. Elles sont alors en général rejetées en mer, mais souvent trop tardivement pour pouvoir survivre.

Alors l'aquaculture est THE solution contre la surpêche, n'est-ce pas ? Eh bien non… bien au contraire. Il faut en moyenne 4 kg de poissons sauvages (donnés en alimentation aux poissons d'aquaculture) pour produire 1 seul kg de poissons d'élevage !

Alors, quelle est la solution si je veux continuer à manger des produits de la mer ? Tout comme la viande, la réponse est « moins et mieux ». Fiez-vous au guide gratuit de WWF (disponible sur www.consoguidepoisson.fr) : pendant vos courses, cliquez sur le poisson ou le fruit de mer que vous voulez acheter et le guide vous indiquera les critères clairs et simples à chercher sur vos produits (provenance géographique, label…). Amateur·rice·s de saumon, vous découvrirez par exemple que vous pouvez tout simplement le remplacer par de la truite biologique, très similaire et pourtant bien moins polluante à produire. Évidemment, idéalement, arrêtez d'en manger !

En consommer mieux :

- Préférer les viandes certifiées biologiques (voir les pages 38-39).
- Préférer les viandes des rayons antigaspi (voir les pages 40-41).
- Réduire les viandes rouges et privilégier la viande blanche, car toutes les viandes n'ont pas les mêmes impacts.

Encore mieux : devenez vegan !

Interro spéciale écolo, **à vos stylos !**

Venez tester vos connaissances et ne trichez pas, on apprend tous les jours en se trompant !

1. Dans notre consommation domestique d'eau potable, quel pourcentage part dans les toilettes ?

- ☐ A. 10 à 20 %
- ☐ B. 30 à 40 %
- ☐ C. 60 à 70 %

2. D'où provient la majorité des microplastiques que l'on retrouve en masse dans les océans ?

- ☐ A. Des textiles synthétiques
- ☐ B. Des pneus
- ☐ C. Des granulés plastiques

3. Quel pourcentage d'eau potable est-il disponible à la consommation humaine sur Terre ?

- ☐ A. Moins de 1 %
- ☐ B. 10 %
- ☐ C. 30 %

4. Combien de temps faut-il à un sac plastique pour se décomposer dans la nature ?

- ☐ A. 30 ans
- ☐ B. 100 ans
- ☐ C. 450 ans

5. Quel pourcentage d'émissions de gaz à effet de serre est-il dû à la déforestation ?

- ☐ A. 2 %
- ☐ B. 20 %
- ☐ C. 30 %

6. D'ici 2100, si des actions écologiques ne sont pas prises rapidement, de combien de degrés maximum la température de la Terre risque-t-elle d'augmenter ?

- ☐ A. 1,7 °C
- ☐ B. 4,4 °C
- ☐ C. 9,5 °C

7. Combien de million(s) de km² le 7e continent, composé de déchets plastiques agglomérés, représente-t-il ?

- ☐ A. 1,6 million de km²
- ☐ B. 2,5 millions de km²
- ☐ C. 3,4 millions de km²

8. **Quelle quantité de déchets ménagers est-elle produite chaque année par personne en France ?**

☐ A. 120 kg
☐ B. 350 kg
☐ C. 580 kg

9. **Combien de kg équivalent CO_2 la production de 1 l de lait de vache entier émet-elle ?**

☐ A. 1,63 kg éq. CO_2
☐ B. 2,12 kg éq. CO_2
☐ C. 3,58 kg éq. CO_2

10. **Sur 157 190 espèces étudiées dans l'édition de 2023 de la liste rouge mondiale recensant les espèces en voie de disparition, combien sont classées menacées ?**

☐ A. 15 302 espèces
☐ B. 44 016 espèces
☐ C. 63 652 espèces

RÉPONSES

Alors combien vous avez eu ?

10. B. 44 016 espèces. Selon l'UICN, la France fait partie des 10 pays avec le plus grand nombre d'espèces menacées, soit 2268 espèces présentes en métropole ou en outre-mer.

9. A. 1,63 kg éq. CO_2. Selon WWF, remplacer le lait de vache par des boissons végétales permettrait de réduire d'un tiers voire de moitié l'empreinte écologique d'une personne, car elles produisent toutes moins de 1 kg éq. CO_2 (boisson végétale de soja 0,7 kg éq. CO_2 ; boisson végétale de riz 0,94 éq. CO_2 ; boisson végétale d'amande 0,81 éq. CO_2 ; boisson végétale d'avoine 0,76 kg éq. CO_2, etc.).

8. C. 580 kg. Selon l'ADEME en 2018, ce sont donc 39 millions de tonnes d'ordures ménagères qui sont produites par an en France.

7. A. 1,6 million de km². Soit 3 fois la taille de la France, selon Ocean Cleanup. Ce continent constitué de déchets et situé dans l'océan Pacifique entre Hawaii et la Californie aurait une masse de 80 000 tonnes, s'il était ramassé.

6. C. 4,4 °C. Selon le pire scénario établi par le GIEC. Il est donc très important de se mobiliser maintenant pour le climat.

5. B. 20 %. Selon WWF, les forêts absorbent énormément de CO_2 et leur destruction cause un rejet énorme de CO_2 dans l'atmosphère. De plus, le déboisement par le feu – la méthode du brûlis – pollue également beaucoup. C'est un cercle vicieux, car les arbres ne sont pas capables de s'adapter aux changements climatiques brutaux que nous leur imposons, et sont donc grandement fragilisés.

4. C. 450 ans. Selon le site du gouvernement consacré à l'écologie, en 2018, 100 milliards de sacs plastique à usage unique étaient encore utilisés chaque année, menaçant plus de 700 espèces aquatiques. Utiliser des sacs réutilisables est donc essentiel.

3. A. Moins de 1 %. Selon le Centre d'information sur l'eau, si notre planète est constituée à 72 % d'eau, elle est majoritairement salée, et l'eau potable disponible ne constitue que 0,7 % des stocks disponibles.

2. C. Des granulés plastiques. Selon l'IUCN, l'Union internationale pour la conservation de la nature, les granulés plastiques sont responsables de la majorité des microplastiques dans les océans ; suivis par les textiles synthétiques, abrasés lors des lavages en machine à laver ; puis par les pneus abrasés lors de la conduite.

1. B. 30 à 40 % en moyenne. Un gâchis considérable qui fait considérer l'adoption de toilettes plus écologiques comme des toilettes sèches !

Que faut-il privilégier entre **le bio, le local, le vegan et le vrac ?**

Ce week-end, c'est barbecue entre ami·e·s ! Quelle est l'option la plus écologique ?

☐ **A. Des merguez made in France,** achetées chez le·a boucher·ère du coin et quasi sans emballage.

☐ **B. Des merguez simili-viande** (merguez végétales à base de protéines de pois) fabriquées en Espagne, achetées en supermarché et emballées dans une barquette plastique épaisse.

Réponse : B

La merguez sous plastique est parfois la plus écologique ! L'emballage représente en général une bien plus petite portion des impacts d'un produit qu'on le pense. Prenons l'exemple d'un litre de lait de vache (page suivante).

Quels critères privilégier lorsque j'achète un aliment ?

Les critères prioritaires (dans l'ordre de priorité)

1. **Aliment sans viande** (voire idéalement sans aucun produit d'origine animale)
2. **Aliment certifié biologique** (surtout pour les produits très polluants, comme les produits d'origine animale, le café, le chocolat)
3. **Aliment de saison** (pour les fruits et légumes frais)

Les critères bonus

4. **Aliment provenant de France**
5. **Aliment sans emballages**

À retenir

En général, la grande majorité des impacts environnementaux de nos aliments ne viennent pas de leur emballage ou de leur transport, mais de leur production.

Le vrac et le local, c'est très cool, mais ce n'est pas la priorité.

Manger plus durable, c'est avant tout manger moins de produits d'origine animale, acheter des aliments certifiés biologiques autant que possible et éviter les fruits et légumes frais hors saison.

ATTENTION ! TOUS LES LABELS NE SE VALENT PAS.

Aucun de ces labels n'a l'écologie comme vocation première :

- **Label Rouge** (porte surtout sur la qualité gustative et « culturelle » du produit)
- **AOC, Origine Contrôle, Produit de la montagne** (portent surtout sur la préservation des traditions)
- **Bleu Blanc Cœur** (porte surtout sur les valeurs nutritionnelles du produit)

Et certains labels environnementaux ne sont pas (du tout) aussi exigeants qu'on le pense (et ne devraient jamais être vus comme une alternative égale au label de l'agriculture biologique), comme le mal nommé Haute Valeur Environnementale (HVE), qui ne prend par exemple pas du tout en compte les engrais et pesticides de synthèse.

Ce que garantit…

…le local	• moins d'impacts liés au transport final de l'aliment.
…le vrac/zéro déchet	• moins (voire pas) d'impacts liés à l'emballage (du produit fini uniquement).
…la saisonnalité du fruit/légume	• réduction drastique du bilan carbone de la production de l'aliment (peu de risques que l'aliment provienne d'une serre artificiellement chauffée et illuminée, ou d'un pays dans l'hémisphère Sud d'où il aurait été importé par avion).
…le végétal/vegan (par opposition à un aliment d'origine animale)	• préservation d'importantes quantités d'eau lors de la production de l'aliment ; • réduction majeure des quantités de gaz à effet de serre émises pour produire l'aliment ; • réduction majeure des surfaces agricoles mobilisées pour la production de l'aliment ; • aucune condition de vie et d'abattage problématique pour les animaux.
…le label de l'agriculture biologique	**Pour les aliments d'origine végétale :** • aucune pollution des écosystèmes par des intrants de synthèse lors de la culture de l'aliment (engrais, insecticide, herbicide, fongicide…) ; • aucun OGM. **Pour les aliments d'origine animale :** • alimentation des animaux elle-même en partie issue de l'agriculture biologique ; • usage très limité des antibiotiques sur les animaux ; • limitation du nombre d'animaux par m² (et certaines obligations portant sur l'environnement de vie des animaux, comme un accès à l'extérieur pour les poules pondeuses) ; • interdiction de certaines pratiques de mutilations des animaux, courantes en élevages conventionnels. Psst… cette liste n'est pas exhaustive.

Vous l'aurez compris par ce tableau, le vrac et le local apportent en réalité bien moins de garanties environnementales (et relatives aux conditions de vie des animaux) qu'on le pense. Ils s'attaquent à des impacts écologiques évidents pour nos yeux de consommateur·rice·s, mais au fond, très minimes dans le bilan environnemental global de l'aliment.

Détail de l'empreinte de 1 l de lait (1,18 kg CO_2 e)

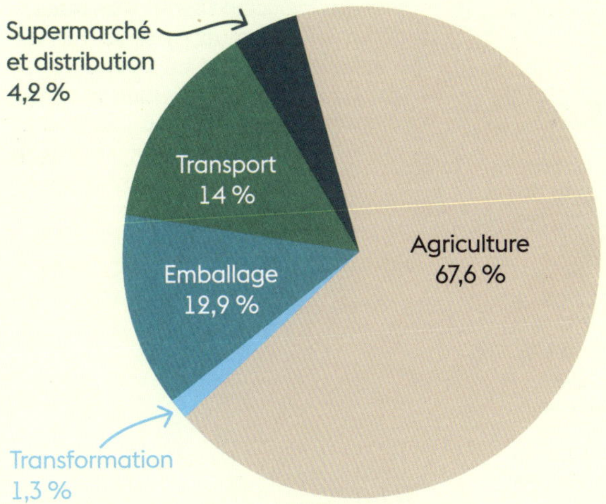

Source des chiffres : ADEME (www.impactco2.fr).

Réduire (efficacement) **le gaspillage alimentaire au quotidien**

⅓ de la nourriture produite dans le monde pour la consommation humaine est gaspillé, selon les Nations Unies. Il est donc temps de mettre en pratique les astuces anti-gaspi.

Indiquez si les affirmations suivantes sont vraies ou fausses.

A. Les dates inscrites sur nos aliments donnent toutes une information sur le développement microbien du produit.

☐ VRAI ☐ FAUX

B. Mon yaourt oublié au fond du frigo peut être consommé après sa date.

☐ VRAI ☐ FAUX

C. Mon paquet de chipolatas du week-end dernier peut être consommé après sa date.

☐ VRAI ☐ FAUX

D. Ma bouteille de lait UHT peut être consommée après sa date.

☐ VRAI ☐ FAUX

Réponses :

A. Faux. Certaines dates de péremption (« à consommer de préférence avant le ») indiquent simplement une perte de goûts ou de couleurs.

B. Vrai. Selon l'Institut national de la consommation, un yaourt classique peut être consommé jusqu'à 3 semaines après sa DLC (attention cela ne s'applique pas aux desserts contenant de l'œuf cru comme les mousses au chocolat).

C. Faux. Les viandes crues sont des produits très sensibles sur le plan microbien. Leur date de péremption doit être respectée à la lettre.

D. Vrai. Les dates de péremption inscrites sur les bouteilles de lait UHT (celui à conserver des mois hors du frais) est une date de durabilité minimale. Elle ne concerne donc pas le développement microbien mais simplement une perte potentielle de saveurs ou de texture et peut être dépassée de plusieurs semaines voire mois.

D'où vient vraiment le gaspillage alimentaire en France ?

32 %

Pêche et agriculture
Calibrage des fruits et légumes, pêches accidentelles rejetées en mer…

21 %

Transformation en usine
Défauts ou erreurs de fabrication, conditionnements abîmés…

14 %

Transports et distribution
Ruptures de la chaine du froid, conditionnement abîmés, dates courtes, retards de livraison…

33 %

À domicile, au restaurant ou à la cantine
Restes alimentaires, mauvaises gestions des stocks…

Source des chiffres : ADEME.

Nous, citoyen·ne·s, avons le formidable pouvoir de réduire le gaspillage alimentaire qui a lieu chez nous, mais également en achetant mieux, voilà quelques astuces pour ce faire :

Aller en épicerie antigaspi

Pour faire vos courses, direction les magasins proposant exclusivement des produits alimentaires (à prix réduits) parfaitement consommables et pourtant habituellement gaspillés : stocks invendus, surplus de production, emballages abîmés, dates courtes, livraisons refusées, fruits et légumes hors calibres...
En France, c'est le cas notamment des épiceries NOUS anti-gaspi, No Gasp et Willy anti-gaspi.

Acheter les invendus de petit·e·s commerçant·e·s

Téléchargez des applis smartphone comme *Too Good To Go* ou *Phenix* pour acheter des produits alimentaires invendus en fin de journée chez des commerçant·e·s près de chez vous (épiceries, boulangeries-pâtisseries, traiteurs, restaurants...). Les prix y sont en général extrêmement avantageux (un grand plateau de sushis pour 2 à 6 €, ça vous tente ?).

Éviter les dates longues

Si vous savez que vous consommerez votre boîte d'œufs dans la semaine, inutile de fouiller au fond du rayon pour trouver les dates les plus longues. Cela augmenterait les risques que les dates plus courtes ne soient jamais vendues et finissent gaspillées. Pour les mêmes raisons, ne boudez pas les dates courtes, les emballages abîmés et les fruits et légumes visuellement imparfaits en magasin.

Retrouvez plus d'astuces antigaspi faciles et efficaces sur mon compte Instagram (@consommons.sainement).

TOUTES LES DATES DE PÉREMPTION NE SE VALENT PAS !

On le sait peu, mais il existe 2 types de dates de péremption et toutes ne concernent pas la durée de vie du produit.

Les dates limites de consommation (DLC), pour les produits frais et sensibles

À CONSOMMER AVANT LE
ou
À CONSOMMER JUSQU'AU

C'est la date de péremption classique : elle concerne les produits frais et périssables (viandes, poissons, laitages...) et indique la date à partir de laquelle le développement microbien du produit deviendrait trop important pour qu'il soit consommé sans danger.

Mais bon nombre de ces dates peuvent être dépassées sans problème (à l'exception des produits très sensibles comme les viandes et poissons crus) car une marge de sécurité de plusieurs jours est souvent appliquée lors du calcul des DLC. Selon l'Institut de la consommation, un yaourt ou un œuf peut par exemple être consommé jusqu'à 3 semaines après sa date limite[1]. Utilisez vos sens pour déterminer si votre yaourt ou votre fromage est encore bon :

Sentez
Observez
Goûtez

Si un doute persiste après ces 3 étapes, mieux vaut jeter.

Les dates de durabilité minimale (DDM), pour les produits non périssables

À CONSOMMER DE PRÉFÉRENCE AVANT LE

Ces dates concernent les produits stables et non frais : le riz, les lentilles, les épices, le lait UHT, le café, les saucissons secs, les produits en boîtes de conserve ou bocaux, les soupes en sachet...

Elles indiquent simplement que le produit peut perdre un peu en couleurs, en saveurs, en texture ou en apports nutritionnels. C'est tout ! Elles peuvent donc être dépassées de plusieurs mois sans problème.

1 Source : « Le guide antigaspi », *60 millions de consommateurs*, hors-série n°193, avril-mai 2018.

L'écologie en citations

1. « Nous ne pouvons pas sauver le monde en respectant les règles. Car les règles ont besoin d'être changées. Tout doit changer et cela doit démarrer aujourd'hui. »

- ☐ A. Greta Thunberg
- ☐ B. Nicolas Hulot
- ☐ C. Hugo Clément

2. « L'écologie c'est être responsable, choisir ce qui nous fait du bien, soit lutter contre le réchauffement climatique et la précarité énergétique. »

- ☐ A. Sandrine Rousseau
- ☐ B. Camille Étienne
- ☐ C. Yannick Jadot

3. « L'écologie est une rébellion de l'esprit critique contre toute forme de pouvoir abusif. »

- ☐ A. Pierre Rabhi
- ☐ B. Noël Mamère
- ☐ C. Jean-Jacques Rousseau

4. « Je ne veux pas que mes enfants vivent sur une planète hostile. »

- ☐ A. Hugo Clément
- ☐ B. Aymeric Caron
- ☐ C. Marion Cotillard

5. « Préserver la planète, ce n'est pas générationnel, c'est politique. »

- ☐ A. Camille Étienne
- ☐ B. Vanessa Nakate
- ☐ C. Greta Thunberg

6. « Notre sort est indissociable de celui de l'environnement. Arrêtons de nous croire au-dessus ou en dehors. »

- ☐ A. Françoise d'Eaubonne
- ☐ B. Jane Goodall
- ☐ C. Pierre Rabhi

7. « La biodiversité victime d'un crime contre l'humanité. »

- ☐ A. Commandant Cousteau
- ☐ B. Allain Bougrain-Dubourg
- ☐ C. Jean-Marc Jancovici

8. « Ce n'est pas la planète qui change, c'est nous qui ne changeons pas. »

- ☐ A. Nicolas Hulot
- ☐ B. Dalaï-Lama
- ☐ C. Yann Arthus-Bertrand

9. « Être un citoyen, un humain conscient, consiste à s'interroger, toujours, sur les conséquences de ses actes. Cela concerne évidemment les animaux. »

- ☐ A. Aymeric Caron
- ☐ B. Hugo Clément
- ☐ C. Joaquin Phoenix

10. « Chaque fois que nous consommons ou que nous produisons au-delà de nos besoins, nous nous engageons dans la violence. »

- ☐ A. Ernst Haeckel
- ☐ B. Vandana Shiva
- ☐ C. Yves Paccalet

11. « Nous n'avons qu'une seule Terre. Nous devons accepter que nous ne faisons pas assez pour la protéger. »

- ☐ A. Dalaï-Lama
- ☐ B. Lucie Pinson
- ☐ C. Inger Andersen

12. **« Nous voici, sans doute l'être le plus intelligent qui ait jamais marché sur la planète Terre, avec cet extraordinaire cerveau, et pourtant nous détruisons la seule maison que nous ayons. »**

- ☐ **A. Sandrine Rousseau**
- ☐ **B. Joaquin Phoenix**
- ☐ **C. Jane Goodall**

13. **« Jamais la nature ne nous trompe ; c'est toujours nous qui nous trompons. »**

- ☐ **A. Hayao Miyazaki**
- ☐ **B. Jean-Jacques Rousseau**
- ☐ **C. Cy Lecerf-Maulpoix**

14. **« Alors que nous avançons dans le XXIe siècle, quiconque se considère comme un réaliste devra faire de l'environnement une priorité absolue. »**

- ☐ **A. Fatima Ouassak**
- ☐ **B. Paloma Moritz**
- ☐ **C. Leonardo DiCaprio**

15. **« L'écologie, c'est nous. »**

- ☐ **A. Marion Cotillard**
- ☐ **B. Noël Mamère**
- ☐ **C. Camille Étienne**

RÉPONSES

1. A. **Greta Thunberg (2003-aujourd'hui)** : Jeune militante écologiste suédoise, Greta Thunberg n'a que 15 ans quand elle se fait connaître pour ses protestations contre l'inaction de son gouvernement face à l'urgence climatique, en 2008, et elle ne s'est pas arrêtée là.

2. C. **Yannick Jadot (1967-aujourd'hui)** : Militant écologiste et sénateur du groupe écologiste du sénat (EST), Yannick Jadot s'est engagé auprès de Greenpeace avant sa carrière en politique et lutte pour l'écologie.

3. B. **Noël Mamère (1948-ajourd'hui)** : Animateur, journaliste et député écologiste jusqu'en 2017, Noël Mamère milita longtemps pour l'écologie à travers Europe Écologie Les Verts qu'il représenta aux élections présidentielles françaises de 2002.

4. A. **Hugo Clément (1989-aujourd'hui)** : Journaliste et militant écologique, Hugo Clément se positionne pour l'écologie et la protection et le bien-être des animaux, notamment en collaboration avec L214. Il a publié plusieurs livres sur le sujet, comme *Les Lapins ne mangent pas de carottes*, ou encore *Journal de guerre écologique*, aux éditions Fayard.

5. A. **Camille Étienne (1998-aujourd'hui)** : Militante écologiste française et activiste pour la justice sociale et climatique, Camille Étienne se mobilise pour l'écologie aux côtés de Greta Thunberg et de bien d'autres militant·e·s. Elle forme le duo « Avant l'orage » avec le réalisateur Solal Moisan pour mettre en lumière les enjeux climatiques.

6. C. **Pierre Rabhi (1938-2021)** : Paysan et écrivain, Pierre Rabhi est célèbre pour son engagement dans l'agriculture écologique en France et ses valeurs humanistes et de solidarité. Il a également fondé ou initié plusieurs associations à visée écologique comme Terre & Humanisme ou le mouvement écologique Colibris, avec Cyril Dion.

7. B. **Allain Bougrain-Dubourg (1948-aujourd'hui)** : Journaliste, réalisateur et président de la Ligue pour la protection des oiseaux (LPO) depuis 1986, Allain Bougrain-Dubourg s'engage pour l'écologie et notamment pour la protection animale.

8. C. **Yann Arthus-Bertrand (1946-aujourd'hui)** : Photographe, reporter et militant écologiste, Yann Arthus-Bertrand est notamment connu pour son célèbre ouvrage *La Terre vue du ciel*, devenu best-seller mondial. Il est également le fondateur de la fondation GoodPlanet.

9. A. **Aymeric Caron (1971-aujourd'hui)** : Journaliste et député, il est le président du parti politique Révolution écologique pour le vivant (REV). Il s'engage pour une écologie radicale et antispéciste.

10. B. **Vandana Shiva (1952-aujourd'hui)** : Célèbre écoféministe et écrivaine indienne, Vandana Shiva s'engage très tôt pour l'écologie et le féminisme. Elle dirige aujourd'hui la Fondation de la recherche pour la science, les technologies et les ressources naturelles.

11. C. **Inger Andersen (1958-aujourd'hui)** : Économiste et écologiste danoise, Inger Andersen est aujourd'hui directrice exécutive du Programme des Nations Unies pour l'environnement et lutte pour la conservation du vivant et le développement durable.

12. C. **Jane Goodall (1934-aujourd'hui)** : Primatologue britannique et scientifique aventurière, Jane Goodall est célèbre pour son travail auprès des animaux et ses recherches sur les rapports entre animaux et humains. Elle est très investie pour l'écologie, les animaux et leur préservation, notamment des primates.

13. B. **Jean-Jacques Rousseau (1712-1778)** : Philosophe des Lumières, Jean-Jacques Rousseau était très attaché à la nature et était écologiste avant l'heure.

14. C. **Leonardo DiCaprio (1974-aujourd'hui)** : Acteur reconnu pour de nombreux rôles, notamment dans *Titanic* et *Inception*, Léonardo DiCaprio s'engage ouvertement pour l'écologie, prend souvent la parole en ce sens et réalise ou participe à des documentaires pour éveiller les consciences sur la crise écologique.

15. A. **Marion Cotillard (1975-aujourd'hui)** : Célèbre actrice reconnue pour ses rôles dans *Inception* ou *La Môme*, elle prend position pour l'écologie, notamment au cinéma ou aux côtés de Greenpeace.

Comment concilier maison **et écologie ?**

Saviez-vous que le ménage peut être fun ?! Oui sans rire ! D'autant plus l'été : tout sèche très vite, on a plus d'énergie pour nettoyer nos intérieurs, les journées sont plus longues, on réalise plus de tâches et tout a un autre goût avec le soleil ! Alors fun pourquoi ? Parce que nous pouvons utiliser vraiment très très peu de produits pour des résultats aussi waouh que les publicités exagérées et parfois mensongères de nos médias, le tout en polluant peu et même en faisant des économies ! Et cette thématique budget/zéro déchet, c'est mon terrain d'expertise !

Petit quiz sur le ménage et les produits chimiques, pour bien commencer !

1. Combien de substances contenues dans les produits ménagers sont-elles autorisées alors qu'on n'en connaît pas les effets sanitaires ?

☐ A. 15 000 ☐ B. 58 000 ☐ C. 97 000

2. Les sprays nettoyants qu'on trouve en pharmacie sont dangereux pour la santé.

☐ A. VRAI ☐ B. FAUX

3. Faire le ménage avec des produits chimiques n'a pas d'impact sur l'écologie.

☐ A. VRAI ☐ B. FAUX

4. Un produit agréablement parfumé est forcément efficace.

☐ A. VRAI ☐ B. FAUX

Réponses :

1. C. Selon l'ADEME, on ne connaît les effets sanitaires que de 3000 substances chimiques autorisées en Europe, sur 100 000 !
2. Vrai. Selon l'ADEME, ce n'est pas parce qu'un spray est vendu en pharmacie qu'il est sans danger, ce n'est que du marketing, ils présentent autant de risques de « pollution majeure de l'air intérieur » que ceux que l'on peut trouver en supermarchés.
3. Faux. Si vous lisez ce cahier de vacances (et surtout cette partie), vous connaissiez probablement déjà la réponse, mais savez-vous pourquoi ? Selon l'ADEME toujours, le rejet de substances chimiques dans l'air et dans l'eau après utilisation serait fautif.
4. Faux. Ne vous faites pas avoir par l'odeur agréable de certains produits qui émettent en réalité davantage de composés organiques volatils nocifs pour votre santé ! Une bonne odeur ne veut même pas dire qu'un produit est efficace.

Mais ne vous inquiétez pas, vous pouvez tout faire maison, sans vous empoisonner vous, l'eau et l'air ! Alors cette liste d'indispensables pour nettoyer durablement sa maison, vous la connaissez ?

Les poudres de droguerie

- **L'acide citrique :** celui qui remplace ou complète le vinaigre blanc ! Bien plus puissant et économique car très peu de quantité est nécessaire, il est anticalcaire, antirouille et détartrant. Le meilleur ami de notre bouilloire bien encrassée c'est lui ! Mettez-y 3 c. à soupe, remplissez-la à moitié d'eau et faites bouillir le tout. Magie absolue : tout le calcaire remonte alors à la surface !

- **Le percarbonate de soude :** c'est une poudre très fine qui viendra ravir vos vêtements les plus jaunis ou les blancs plus très blancs ! Il agit uniquement lorsqu'il est combiné à de l'eau à 40 °C. Le procédé est simple : mettez les vêtements dans une bassine d'eau à 40 °C et ajoutez-y au moins 2 c. à soupe pour 1 l d'eau et laissez reposer jusqu'à ce que l'eau ne soit plus chaude (environ 2 h). Vous pouvez parfaitement rajouter 1 c. à soupe dans le réservoir de lessive de votre machine à laver pour raviver le blanc terni de vos serviettes ou de vos draps.

- **Les cristaux de soude :** un puissant détartrant et anticalcaire qui deviendra votre meilleur ami pour les lessives maison à moindre coût.

- **Le bicarbonate de soude :** le produit le plus connu du ménage *green*, c'est une poudre multifonction : nettoyante, détachante et désodorisante. Une petite coupelle de bicarbonate dans votre frigo tout l'été – lorsque ce dernier est souvent plein – et il évitera toutes les mauvaises odeurs de nourriture. À changer tous les mois.

Les multiusages pour le quotidien

- **Le savon noir minimum 30 % et, ou le véritable savon de Marseille :** ce sont les agents principaux des produits ménagers conventionnels et pour cause ils peuvent servir à tout ! Voilà pourquoi on peut les utiliser quotidiennement pour nettoyer table, douche, WC, fenêtre, meubles en bois, sol, ou encore pour faire ses lessives maison comme cette recette la plus simple au monde : dans un contenant en verre, mélangez 30 g de savon noir liquide avec 1 l d'eau chaude, remuez et c'est prêt !

- **Le vinaigre blanc ou ménager ou alcool (minimum 14 °C) :** ce pchit pchit qui sent trèssss fort mais dont vous ne pourrez plus vous passer ! Un pchit sur la robinetterie, elle est comme neuve ; sur la paroi de douche 1 fois par semaine ; pour prévenir le calcaire dans les toilettes ; pour nettoyer le plan de travail, il est détartrant et nettoyant. Pour apaiser son odeur vous pouvez faire sécher au soleil vos peaux d'agrumes, votre lavande et les glisser dans votre réservoir ! D'ailleurs, sachez que les agrumes augmentent encore plus son efficacité car on retrouve de l'acide citrique dans leur composition naturelle.

Et maintenant que vous avez les bases pour comprendre quel produit acquérir pour quel usage, passons à 2 petites recettes maison express. Il n'est pas toujours facile de rester *green* pendant ses vacances, mais ces 2 produits vont vous faciliter la vie, et vont vous permettre de passer en douceur vers une routine ménage plus verte et économique !

LE TOP DES PRODUITS À ÉVITER !

- **Les déboucheurs de canalisations** qui sont tellement nocifs qu'ils peuvent vous brûler – imaginez donc leur effet dans l'eau ou sur votre santé !
- **Les sprays**, quels qu'ils soient, même si vous les trouvez en pharmacie, car ils sont toxiques pour vous, votre lieu de vie et l'environnement.
- **Les lingettes à usage unique**, un gâchis monumental qui vient souvent boucher les canalisations.
- **Les blocs WC**, irritants pour la peau ET les voies respiratoires, le combo gagnant avec lequel vous êtes en contact à chaque chasse d'eau tirée.
- **La javel**, polluante, toxique, et même dangereuse lorsqu'elle est en contact de l'urine, faites attention !

Source : ADEME.

DIY. La lessive la plus facile à transporter maison et à tout petit prix !

Et si on prenait la décision de faire soi-même sa lessive en poudre maison ? Commençons par vous initier à la seule qui met vraiment tout le monde d'accord ! Plus simple, plus « j'ai la flemme », ça n'existe pas.

Ingrédients

200 g de véritable savon de Marseille en copeaux, paillettes ou en bloc à couper vous-même (c'est le plus rentable)

200 g de bicarbonate de soude

160 g de cristaux de soude

80 g de percarbonate de soude (optionnel, si vous comptez laver votre linge à minimum 40 °C. Je vous conseille de faire un pot à part avec l'indication « laver à mini 40 °C couleurs claires et blancs uniquement » pour vous en rappeler !)

Mettez tous les ingrédients dans un mixeur et mixez le tout.

En réalisant cette recette, vous obtiendrez suffisamment de lessive pour minimum 50 cycles calculés sur 13 g environ soit 1 petite c. à soupe par cycle pour une machine de 7 kg. Vous aurez bien compris que son format en poudre met tout le monde d'accord sur sa praticité ! Vous pouvez l'embarquer partout avec vous en voyage ou en week-end car elle ne prend pas du tout de place.
De plus, sa concentration est incroyable, elle fait beaucoup de lavages et elle se garde des années sans problème.
Ce sera aussi la plus simple à faire si vous commencez l'aventure des lessives car elle ne sera jamais dure, n'aura jamais besoin d'être secouée, rien. Hop, dans un tout petit pot de récupération type petite confiture et dans la valise pour nettoyer à la main en 2 min son maillot de bain !

DIY. Le cake vaisselle

Bon ok vous ne voulez pas adopter le savon de Marseille en bloc tout de suite pour faire votre vaisselle quotidienne alors je vous livre une autre recette de produit solide maison le « cake vaisselle ». Pas besoin d'avoir un diplôme de chimie pour l'effectuer, c'est simple et très efficace, et surtout c'est bien plus économique qu'un liquide vaisselle classique (on ne vide pas trop de produit sur son éponge).

Ingrédients

16 g d'eau

150 g de tensioactif SCI

10 g d'acide citrique

10 g de cristaux de soude

10 gouttes huile essentielle de citron (optionnel)

Ustensiles

Casserole

Spatule en bois

Contenant pour le bain-marie

Petit pot de confiture vide

Attention on ne fait pas « voler » les poudres, on ne se met pas au-dessus quand on les verse car le tensioactif SCI est irritant par voie respiratoire et les muqueuses à l'état poudreux – il ne présente aucun danger une fois le mélange effectué. Préférez donc porter des gants et si possible des lunettes de protection et un masque à poudre et surtout, aérez bien votre maison.

Dans un bain-marie à feu très doux, placez le tensioactif avec l'eau, puis mélangez et écrasez pour aider les poudres à fondre.

Une fois le mélange chaud et pâteux, retirez-le du feu et ajoutez alors l'acide citrique et les cristaux de soude en mélangeant jusqu'à que le tout soit homogène.

Ensuite, remplissez votre pot à confiture à l'aide de la spatule en tassant bien le mélange.

Vous pouvez alors ajouter de l'huile essentielle de citron si vous le souhaitez.

Il faudra attendre minimum 24 h que le mélange ait complètement refroidi et solidifié avant de l'utiliser pour votre vaisselle.

Attention à ne pas laisser le cake dans l'eau quand vous ne l'utilisez pas.

Il se conserve en moyenne 6 mois, jusqu'à sa fin d'utilisation. Le format solide est absolument parfait pour l'embarquer partout avec vous ! Si vous partez en vacances en van, dans un camping ou autre, pas besoin d'acheter de liquide vaisselle qui risque de fuir dans vos valises et de n'être absolument pas écolo ! Embarquez celui-ci, il tiendra tout le temps de vos vacances et bien plus encore !

ASTUCE

Si vous voulez faire encore plus simple, vous pouvez remplacer l'eau et l'acide citrique par 10 g de vinaigre blanc. Une deuxième version à tester pour voir celle qui vous conviendra le mieux !

Alors on teste la fabuleuse aventure du fait maison pour acquérir une pleine autonomie et faire des économies ?

Un été zéro déchet : **les alternatives au neuf (avant tout) !**

Il va être question de vacances zéro déchet dans les pages qui suivent, et pourtant nous n'allons pas y parler de paille réutilisable, de gourde lavable ou de vrac. « Quoi ?! Mais ce sont des indispensables du zéro déchet ! » Bien que louable, l'utilisation de ces objets s'attaque en réalité à des impacts écologiques bien plus minimes qu'on le pense.

Iceberg des déchets

Bien au-delà de ses emballages, derrière un simple achat neuf peuvent se cacher des centaines de kg – voire des tonnes – de déchets (invisibles à nos yeux de citoyen·ne·s).

Remettez ces objets dans l'ordre croissant de déchets qu'ils nécessitent pour leur production :

Moyennes de matières mobilisées. Source : ADEME.

Réponses :
A. 1. 27 kg de déchets ; **E. 2.** 49 kg de déchets,
G. 3. 127 kg de déchets ; **B. 4.** 216 kg de déchets,
D. 5. 5561 kg de déchets ; **F. 6.** 1,2 tonne de déchets,
C. 7. 2 tonnes de déchets ; **H. 8.** 2,5 tonnes de déchets.

Vous avez besoin d'un imperméable pour votre randonnée dans les Pyrénées cet été. Lequel est le plus écologique ?

☐ **A. L'imperméable acheté d'occasion** sur Vinted et livré par camion dans un triple sac plastique.

☐ **B. L'imperméable acheté neuf** dans le magasin Decathlon près de chez vous (sans livraison et sans aucun emballage).

Réponse : A

> **« L'option la plus écologique est parfois celle qui remplit le plus votre poubelle ! »**

L'achat d'occasion de votre imperméable permet d'éviter la fabrication d'un manteau neuf et ainsi la production d'en moyenne 110 kg de déchets (selon l'ADEME). Comme vous le découvrirez ci-dessous, les impacts du transport et de l'emballage sont bien plus faibles que ceux de la fabrication du produit neuf.

Détails de l'empreinte carbone moyenne d'un manteau neuf (96 kg de CO_2e).

● Matières premières ● Approvisionnement ● Mise en forme ● Assemblage et distribution ● Usage

Source des chiffres : ADEME (www.impactco2.fr)

Si je veux acheter une TV neuve, qu'est-ce qui est le plus écologique ?

☐ **A.** Choisir une TV d'une **taille raisonnable.**

☐ **B.** Choisir une TV au **plastique recyclé** et à l'**emballage entièrement recyclable.**

La taille, ça compte !

Réponse : A

La taille d'un objet électronique est un facteur bien plus déterminant pour son empreinte écologique qu'on ne le pense. Si vous choisissez une TV 45 pouces plutôt que 55 pouces, c'est en moyenne 1,4 tonne de matières que vous préservez (soit le joli poids d'un hippopotame, tout de même) et 110 kg de CO_2e (soit autant de CO_2 que si vous parcourriez 46 000 km en TGV en France !).

Source : ADEME.

QUELS OBJETS POLLUENT LE PLUS ?

Nos appareils électriques et électroniques sont (de loin) les plus polluants à fabriquer. En cause, les minerais nécessaires à leur production (lithium, cobalt, laiton...), extraits de mines destructrices des écosystèmes locaux puis transformés à l'aide de produits chimiques hautement polluants. C'est donc l'achat neuf de ces appareils (high tech, électroménagers, gadgets électriques...) qu'il vaut mieux éviter en priorité.

Les alternatives au neuf

Nos appareils électriques et électroniques sont (de loin) les plus polluants à fabriquer. En cause, les minerais nécessaires à leur production (lithium, cobalt, laiton...), extraits de mines destructrices des écosystèmes locaux puis transformés à l'aide de produits chimiques hautement polluants. C'est donc l'achat neuf de ces appareils (high tech, électroménagers, gadgets électriques...) qu'il vaut mieux éviter en priorité.

ACHETER D'OCCASION

De votre valise à votre maillot de bain en passant par des transats pour votre terrasse, vous pouvez tout acheter d'occasion cet été.

- *Leboncoin* : idéal pour les meubles, le gros électroménager, les équipements de sport... ; avec livraison ou en remise en main propre.
- *Vinted* : parfait pour les vêtements de toute la famille, les articles de sport, les jouets, les livres...
- Les vide-greniers.
- Les boutiques *Emmaüs* (et autres ressourceries) : l'endroit idéal pour trouver de la vaisselle, des vêtements, de la déco, des meubles et de l'électroménager à petits prix tout en aidant une association caritative.
- *Momox* : pour un choix extrêmement large de livres d'occasion en ligne.

Psssst... cette liste n'est pas exhaustive !

ACHETER RECONDITIONNÉ

Le reconditionné est idéal pour vos achats d'objets plus chers (et/ou moins sécurisés entre particuliers), comme de high tech ou certains appareils électroménagers. Il s'agit d'objets d'occasion, testés, réparés si besoin et vendus sous garantie par un professionnel. Il peut aussi s'agir de produits neufs ne pouvant pas être vendus dans le circuit classique : modèle d'exposition, appareils à l'emballage abîmé, défauts de fabrication...

Les bonnes adresses du reconditionné :

- **en ligne :** *Back Market, Recommerce, Olover, Laptop Service, Amazon Warehouse... Vinted :* parfait pour les vêtements de toute la famille, les articles de sport, les jouets, les livres...
- **en magasin :** *Easy Cash, Cash Express* et autres boutiques de dépôt-vente.

OPTER POUR DES OBJETS MULTIFONCTIONS

Un robot culinaire et ses accessoires rempliront les mêmes fonctions que de nombreux appareils différents (mixeur, extracteur, batteur, hachoir, blender...) et nécessiteront la fabrication d'un seul et unique moteur.

LOUER

Et si avoir besoin d'utiliser un objet ne signifiait pas nécessairement avoir besoin de l'acheter ?

Si vous voulez utiliser un nettoyeur à haute pression pour nettoyer votre terrasse une fois dans l'année, direction les loueurs professionnels tels que *Loxam* ou *Kiloutou*.

Vous pouvez aussi louer un grand nombre d'objets du quotidien (appareil à raclette, perceuse, jeux de société...) entre particuliers, grâce à des plateformes comme *Allô Voisins* ou *Kiwiiz*. L'option idéale pour la tente dont vous aurez besoin seulement quelques jours pour votre randonnée du mois prochain !

Si vous aimez chiner...

...vous allez adorer les vide-greniers permanents ! Il s'agit du même principe qu'un vide-grenier, sous forme d'une boutique : l'acheteur·se se sert sur les différents stands autonomes (les vendeur·se·s y ont laissé les prix sur les étiquettes) puis paye en une fois à la caisse du magasin.

RÉPARER

Pas de panique si votre machine à café en panne n'est plus sous garantie ! Plusieurs options s'offrent à vous :

- *Repairs cafés :* faites-vous gratuitement aider par un·e expert·e grâce à ces associations.
- Le site (gratuit) *Spareka :* ce site internet vous aide étape par étape dans le diagnostic et la réparation de votre appareil de façon personnalisée grâce à un chatbot.
- Les réparateur·rice·s professionnel·le·s.

QUESTIONNER SES BESOINS

Parfois, la solution la plus simple sera la meilleure : le non-achat. Consommer *mieux*, c'est avant tout consommer *moins*. Quelques questionnements simples peuvent révéler de « faux besoins » créés par un marketing efficace.

Il s'agit de comparer l'utilité réelle de l'objet (dans votre cas personnel) avec son coût environnemental (surtout si vous comptez l'acheter neuf) :

Pour en apprendre plus sur la consommation responsable, rendez-vous aux pages 28-31 !

Rangez dans l'ordre décroissant : combien faut-il de planètes Terre pour vivre au rythme de ces pays ?

- Qatar
- Yémen
- France
- Finlande
- États-Unis

Réponses : 1 – Le Qatar, avec 9 planètes ; 2 – Les États-Unis, avec 5,1 planètes ; 3 – La Finlande, avec 4,1 planètes ; 4 – La France, avec 2,8 planètes ; 5 – Le Yémen, avec 0,3 planète.

À noter que la grande majorité des pays vivent au-dessus du seuil d'une planète pour leur population ! Si, par rapport à d'autres pays comme le Qatar et les États-Unis, la France paraît bien loin, n'oubliez pas que nous n'avons qu'une seule planète, pas 2,8. Le mercredi 2 août 2023 a eu lieu le « jour du dépassement », une date fatidique annuelle à partir de laquelle, pour régénérer ce que nous consommons au quotidien dans le monde entier, il faudrait environ 1,7 Terre.

Sources : Statista ; Global Footprint Network.

À RETENIR

- En moyenne, la grande majorité des impacts d'un produit ne vient pas de son emballage ni de son transport, mais de sa fabrication. Avant le vrac et les objets lavables, la réduction de nos déchets passe avant tout par la réduction, voire l'élimination, de nos déchets cachés (car bien plus massifs).
- Toutes les alternatives au neuf (achat d'occasion, réparation, location, emprunt, non-achat...) sont les vrais indispensables du zéro déchet.

Climat et **réchauffement climatique**

Qui n'a jamais entendu « il est beau le réchauffement climatique » en pleine vague de froid en décembre à Paris ? Si c'est de l'humour, il est discutable, si c'est du 1er degré, c'est de la désinformation. Climat et météo sont 2 choses très différentes. L'un analysant des moyennes sur le long terme au niveau global, l'autre faisant la prévision d'événements locaux et instantanés (courtes périodes).

Le climat de la Terre résulte principalement de 3 facteurs

Choisissez la bonne réponse :

☐ **1. L'énergie solaire, l'effet de serre et les circulations atmosphérique et océanique.**

☐ **2. La quantité de glace aux pôles, le nombre d'incidents climatiques annuels, la déforestation.**

☐ **3. Le nombre d'éruptions volcaniques sous-marines, l'état de la couche d'ozone, les précipitations globales annuelles.**

Réponse : 1. Selon le CNRS, le climat de la Terre résulte principalement de 3 facteurs : l'énergie solaire, l'effet de serre et les circulations atmosphérique et océanique.

Notre système climatique repose sur un équilibre fragile. L'effet de serre – phénomène initialement naturel qui piège une partie des rayonnements du soleil dans l'atmosphère – est accentué par les émissions de gaz à effet de serre liées aux activités humaines.

Les principaux gaz à effet de serre

Reliez chaque gaz à la bonne information :

Dioxyde de carbone (CO_2) **1**	**A** A une durée de vie de 50 000 ans dans l'atmosphère
Méthane (CH_4) **2**	**B** ⅔ de l'augmentation de l'effet de serre induite par les activités humaines lui sont dus
Protoxyde d'azote (N_2O) **3**	**C** Provient des engrais azotés et de certains procédés chimiques
Hexafluorure de soufre (SF_6) **4**	**D** A un potentiel de réchauffement 25 fois plus puissant que le CO_2

Réponses : 1-B ; 2-D ; 3-C ; 4-A

Émissions de dioxyde de carbone (CO_2) provenant des industries d'énergies fossiles

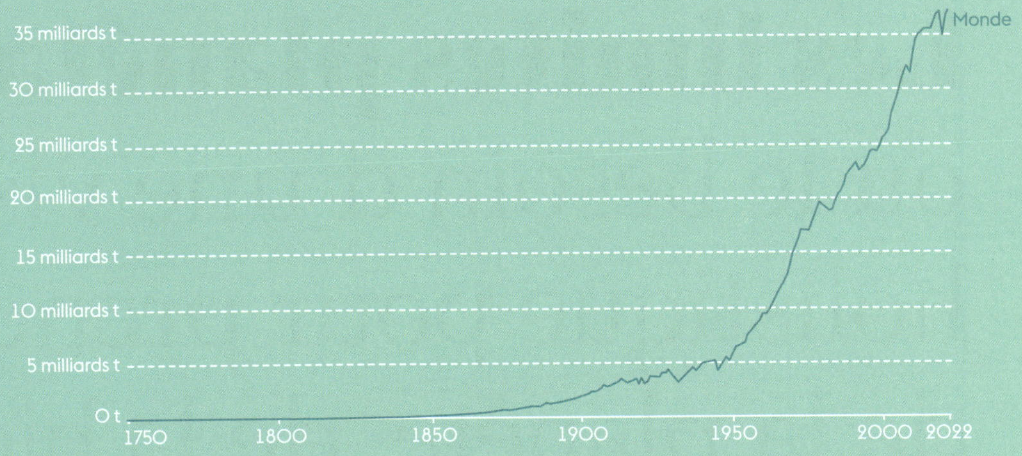

La période industrielle ayant engendré une augmentation drastique des émissions de CO_2, l'effet de serre s'est amplifié, entraînant l'augmentation des températures.

Le lien entre la concentration de CO_2 et l'augmentation des températures est avéré.

> **En 1950, le monde émettait 6 milliards de tonnes de CO_2. En 1990, ce chiffre avait presque quadruplé, atteignant plus de 20 milliards de tonnes.**
>
> **- Our World in Data**

QUELQUES CHIFFRES

- **0,8 °C à 1,2 °C** : réchauffement planétaire provoqué par les activités humaines depuis la période préindustrielle.
- **1,5 °C** : réchauffement probablement atteint entre 2030 et 2050.
- **1,7 °C** : hausse des températures moyennes en France entre 1900 et 2021.
- **40 %** : objectif de diminution des gaz à effet de serre responsables du réchauffement en France à l'horizon 2030 par rapport à 1990.
- **2050** : objectif neutralité carbone en France.

Les enjeux liés au réchauffement

Ils sont systémiques.

L'augmentation des températures entraîne des phénomènes climatiques naturels comme la fonte des glaces, l'augmentation du niveau des océans, le recul de la biodiversité ou la hausse du nombre de catastrophes naturelles.

Il faut également s'attendre à des incidents géopolitiques liés à la gestion de l'eau, de la nourriture, de la gestion des territoires et des déplacements de populations.

Bien que des périodes de réchauffement aient déjà eu lieu dans le passé, la rapidité inédite dont nous sommes témoins aujourd'hui laisse peu de capacité d'adaptation au vivant.

Les différents scénarios du GIEC

Face à l'objectif de réduire les émissions de gaz à effet de serre, le GIEC a mis en place plusieurs scénarios, de l'action tardive et non coordonnée qui ne permettra pas d'atteindre les objectifs de l'Accord de Paris en entraînant une rupture brutale avec le monde tel qu'on le connaît, à l'action précoce et efficace qui permet de gérer la crise et de maintenir un monde stable malgré quelques perturbations.

L'ACCORD DE PARIS

C'est dans une volonté de réduire les gaz à effet de serre au niveau planétaire qu'ont lieu les différentes COP dont découle le fameux Accord de Paris :

Les Accords de Paris de la COP 21 visent à « maintenir l'augmentation de la température moyenne mondiale bien en dessous de 2 °C au-dessus des niveaux préindustriels et de poursuivre les efforts pour limiter l'augmentation de la température à 1,5 °C au-dessus des niveaux préindustriels. » (Source : United Nations Climate Change)

POUR EN SAVOIR PLUS

Lire « Des mondes radicalement différents : trois variantes possibles de monde plus chauds » de l'Intergovernmental panel on climate change.

Les limites planétaires : ou le besoin d'une vision holistique pour prendre soin de la planète, de la biodiversité et des humain·e·s

On parle souvent du changement climatique via le prisme des gaz à effet de serre et du réchauffement planétaire en occultant parfois les autres problématiques. Pourtant, d'autres systèmes sont impactés et il est nécessaire de prendre en compte l'ensemble des phénomènes pour être cohérent·e et efficace : la pollution plastique, l'utilisation des ressources, l'eutrophisation des sols, la déforestation, l'accès à l'eau potable, la biodiversité, sont autant de thèmes qui nécessitent d'être adressés.

Les 9 limites planétaires

1. le changement climatique ;
2. l'érosion de la biodiversité ;
3. la perturbation des cycles de l'azote et du phosphore ;
4. le changement d'usage des sols ;
5. le cycle de l'eau douce ;
6. l'introduction d'entités nouvelles dans la biosphère ;
7. l'acidification des océans ;
8. l'appauvrissement de la couche d'ozone ;
9. l'augmentation de la présence d'aérosols dans l'atmosphère.

"

En septembre 2023, seules les 3 dernières limites n'avaient pas été franchies.

"

Avec 6 limites franchies sur 9, la planète se trouve aujourd'hui bien au-delà de l'espace de fonctionnement sûr pour l'humanité.

"

(Source : Commissariat général au développement durable)

Les limites planétaires 2023 : 6 limites dépassées

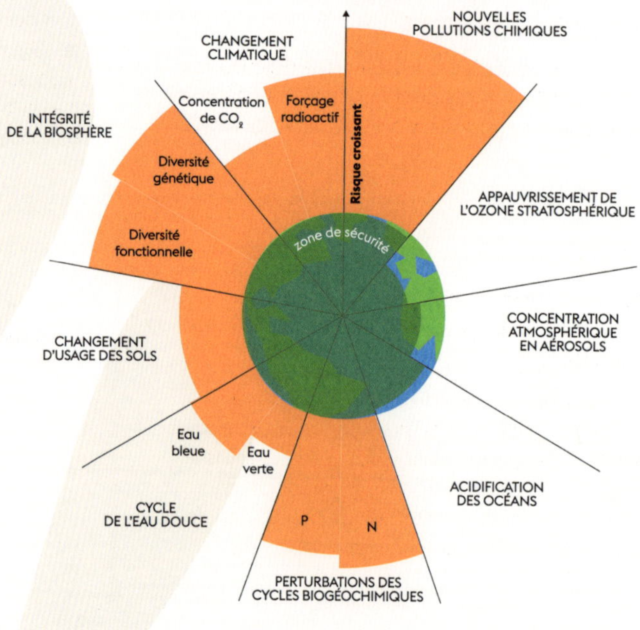

Le jour du dépassement

Nous vivons à crédit. Chaque année, l'humanité entre dans le rouge en consommant plus de ressources que ce que la Terre est capable de régénérer en 1 année. Depuis les années 1970, la date du jour du dépassement recule dans l'année. En 1998, elle avait lieu le 30 septembre.

En 2023, le jour du dépassement mondial, c'était le :

- ☐ **18 septembre**
- ☐ **2 août**
- ☐ **21 août**
- ☐ **31 juillet**

Réponses : Le 2 août, selon WWF.

Jour du dépassement de la Terre 1971 - 2023

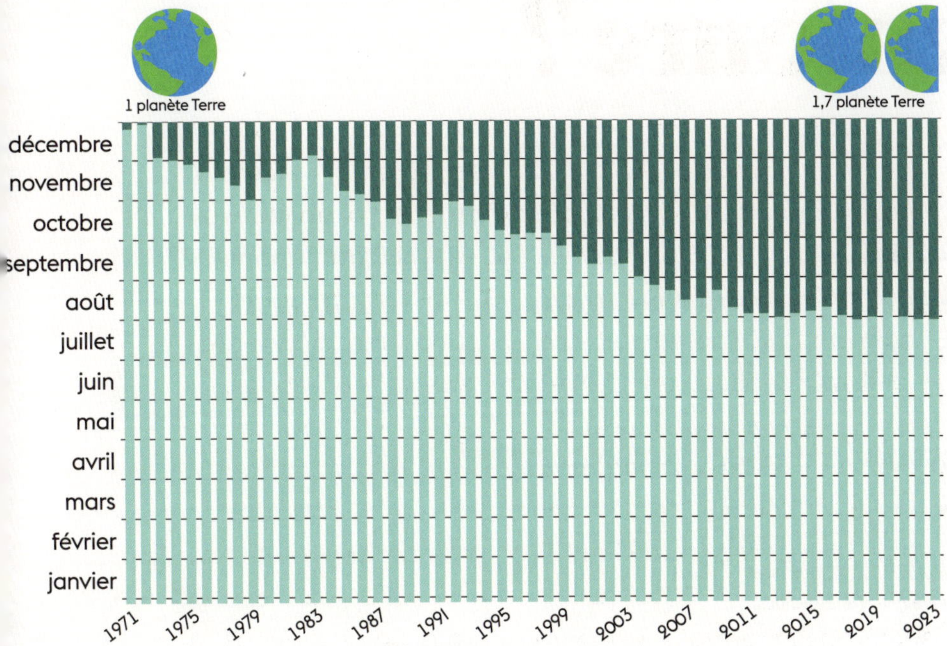

Source : National Footprint and Biocapacity Accounts, édition 2023. data.footprintnetwork.org

Cette date est à mettre en perspective car elle est calculée au niveau **mondial**.

En France, c'était le **5 mai**. Si le monde entier consommait comme la France (la « championne de l'écologie qui ne pollue que 1 % au niveau mondial » selon certain·e·s), nous aurions besoin de 2,9 planètes pour répondre aux besoins de chacun·e. Mauvaise nouvelle, Elon n'a pas encore réussi à faire pousser de l'eau sur Mars.

Un monde, une santé

Selon l'ANSES, « le concept "One Health" ou "une seule santé" en français est mis en avant depuis le début des années 2000, avec la prise de conscience des liens étroits entre la santé humaine, celle des animaux et l'état écologique global. Il vise à promouvoir une approche pluridisciplinaire et globale des enjeux sanitaires ». C'est un concept créé par l'Organisation mondiale de la santé (OMS).

L'exemple parfait d'application du concept : **adopter une alimentation végétale.**

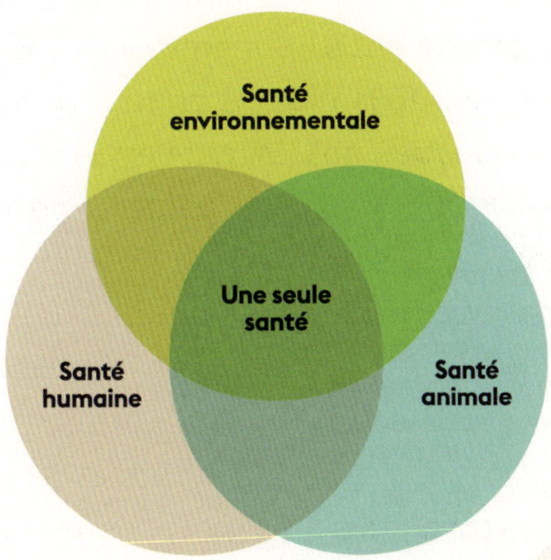

+ ou - ? À votre avis, que se passerait-il si l'on adoptait globalement une alimentation végétale ?

1. ...... de déforestation
2. ...... de gaz à effet de serre
3. ...... de sécurité alimentaire
4. ...... d'épidémies liées à la résistance antibiotique
5. ...... de maladies chroniques liées à la consommation de gras trans saturés présents dans les produits d'origine animale
6. ...... de biodiversité et de zones sauvages
7. ...... d'utilisation d'eau

À nous de réfléchir pour mettre en place des systèmes vertueux qui permettent de réduire notre impact global : en réduisant nos déchets plastiques, on s'assure que moins d'animaux marins s'y retrouvent coincés et on diminue notre contamination aux microplastiques… En prenant soin des animaux et de l'environnement, nous prenons soin de notre santé.
Et c'est applicable à l'infini !

Et si on profitait des vacances pour découvrir **la biodiversité qui nous entoure ?**

Ah, les vacances ! Soleil, détente, et... petit safari ? Oui, vous avez bien lu ! Pas besoin d'aller à l'autre bout du monde pour cela : partout autour de nous, il existe une incroyable diversité d'espaces, chacun abritant une myriade d'espèces uniques, qu'elles soient animales ou végétales. Que vous soyez en France ou ailleurs dans le monde, vos vacances sont l'occasion parfaite de découvrir ces trésors naturels !

En vacances, on a enfin le temps de lever le nez (ou de le baisser si on cherche les petites bêtes) et d'observer. Avez-vous déjà pris le temps de regarder un bourdon butiner ? C'est comme un petit hélicoptère poilu aux fesses toutes blanches ! Et si vous préférez les plantes, savez-vous qu'il existe des espèces d'orchidées que l'on ne trouve que dans les Hauts-de-France ?

Comment découvrir ce qui nous entoure ?

Les associations locales de protection de la nature et les offices de tourisme sont des points de départ parfaits pour qui souhaite s'aventurer hors des sentiers battus. Ils offrent des trésors d'informations sur les sorties nature, les parcours d'exploration et les activités éducatives. C'est l'occasion idéale pour apprendre à reconnaître les espèces locales, comprendre les écosystèmes et participer à leur préservation. Les associations proposent des activités variées, des balades guidées par des naturalistes passionné·e·s aux ateliers de découverte pour tous les âges (parfait pour passer un petit moment en famille !).

Mais connaissez-vous vraiment les insectes qui vous entourent ?

1. Quel est l'insecte qui pond dans les coquilles d'escargots ?

- ☐ A. La petite abeille osmie bicolore
- ☐ B. Le papillon monarque
- ☐ C. Le hanneton
- ☐ D. Le carabe

2. Quel insecte est devenu un symbole de chance après avoir (selon la légende) sauvé un homme de l'exécution à Paris au xe siècle ?

- ☐ A. Le papillon
- ☐ B. La coccinelle
- ☐ C. La guêpe
- ☐ D. La fourmi

3. Parmi les propositions, quels insectes forment un partenariat mutuellement bénéfique dans la nature ?

- ☐ A. Les fourmis et les coccinelles
- ☐ B. Les abeilles et les papillons
- ☐ C. Les fourmis et les pucerons
- ☐ D. Les coccinelles et les mouches

4. À quoi correspondent les points sur le dos de la coccinelle ?

- ☐ A. Son espèce
- ☐ B. Son âge
- ☐ C. Son alimentation
- ☐ D. Sa plante de prédilection

5. Le hanneton est pour le jardin une menace…

- ☐ A. très importante
- ☐ B. importante
- ☐ C. modérée
- ☐ D. très modérée

Réponses :

1. A. **L'osmie bicolore :** Elle est hélicicole, c'est à dire qu'elle pond dans des coquilles d'escargots vides qu'elle cache en les recouvrant de brindilles. Raison de plus pour laisser les coquilles dans son jardin !

2. B. **La coccinelle :** Symbole de chance, elle a une histoire fascinante. Au xe siècle, elle aurait sauvé un condamné à mort en se posant sur son cou juste avant que la lame du bourreau ne fasse son travail, conduisant à sa grâce. Les coccinelles sont également précieuses pour les agriculteur·rice·s car elles combattent les pucerons.

3. C. **Les fourmis et les pucerons :** Les fourmis protègent les pucerons des prédateurs pour pouvoir profiter du miellat que ceux-ci produisent en mangeant. Une belle démonstration de coopération dans la nature mais qui ne s'arrête pas qu'à la protection : lorsque les tiges des plantes s'affaiblissent et sont moins nutritives, les fourmis déplacent même les pucerons sur de nouvelles plus appétissantes ! Un peu comme nos fermier·ère·s qui changent les vaches de pré…!

4. A. **Son espèce :** Le nombre de points sur la carapace d'une coccinelle varie en fonction de l'espèce et n'a rien à voir avec son âge. Il existe des coccinelles à 7 points, 2 points, 4 points… Mais aussi des coccinelles rouges, orange ou même jaunes !

5. C. **Très modérée :** Le hanneton est un insecte bien présent dans nos jardins. Victime de sa mauvaise réputation à cause des dégâts qu'il provoquait sur les cultures, il a cependant pratiquement disparu dans certaines régions. Le hanneton adulte ne pose pas de souci majeur au jardin. Il se nourrit essentiellement de feuilles d'arbres et d'arbustes. La larve est bien plus active, puisqu'elle met 3 ans à s'épanouir, bien à l'abri de la terre. Elle apprécie tout particulièrement les légumes-racines et peut aussi occasionner quelques dégâts dans la pelouse mais il faudrait une grosse invasion pour poser réellement problème.

Mais comment attirer la biodiversité chez nous ?

Pour inviter davantage de biodiversité autour de nous, il est essentiel de créer des liens entre les espaces verts disponibles et le monde extérieur, surtout en milieu urbain où les habitats naturels sont souvent fragmentés par les bâtiments et les routes. Heureusement, quelques actions concrètes permettent de rapidement changer les choses et d'attirer plein de nouvelles espèces à venir nous rendre visite !

PERMETTRE LE PASSAGE DE LA FAUNE AVEC DES CLÔTURES ADAPTÉES

Certaines clôtures bloquent le passage des petits animaux. Pour y remédier, choisissez des clôtures à larges mailles (environ 15 cm²) ou sans mailles sur les 10-20 cm du bas. Sinon, adaptez votre clôture actuelle en créant des ouvertures pour la petite faune.

INSTALLER DES ABRIS POUR LA FAUNE

Le déclin des populations animales est souvent dû au manque d'habitats adaptés. Construire des nichoirs pour oiseaux, hôtels à insectes, et abris pour hérissons peut aider en offrant des espaces sécurisés pour leur nidification et repos, cruciaux pour leur reproduction et survie.

CRÉER UN HÔTEL À INSECTES

Les hôtels à insectes commerciaux sont pratiques pour promouvoir la biodiversité, mais leur grande taille peut favoriser les parasites, nuisant à l'équilibre des écosystèmes. Il est conseillé d'opter pour plusieurs petites installations dispersées, offrant une variété d'habitats et soutenant un équilibre écologique sain.

Souche de bois : En récupérant une souche de bois et en creusant des trous d'un diamètre de 3 à 9 mm, on offre un habitat idéal aux insectes. Une galerie trop large restera inoccupée, car les insectes préfèrent les espaces restreints. Cela constitue un abri très prisé par de nombreuses abeilles et guêpes solitaires.

Bambou et roseau : Assemblez des tiges de bambou et de roseaux en petits fagots pour permettre aux insectes de former de petites galeries et ainsi d'y pondre leurs œufs.

Brique : En récupérant une brique et en insérant de la paille dans les trous sans trop la compacter, on crée un excellent refuge contre le froid pour plusieurs espèces d'insectes.

Mélange d'argile et de sable : Il s'agit de faire un mélange de sable et d'argile dans un récipient et de bien le tasser. Ensuite, on creuse quelques cavités de 1 à 2 cm de profondeur et de 6 à 8 mm de diamètre, en les espaçant. Bien que ne constituant pas de vraies galeries, ces simples trous attirent les insectes et les incitent à poursuivre le travail.

NOURRIR LES OISEAUX EN HIVER AVEC DES MANGEOIRES

Les oiseaux, comme nous, régulent leur température corporelle grâce à l'endothermie, maintenant une température stable autour de 40 °C. Cependant, en hiver, sans le confort de nos maisons chauffées ou de nos vêtements chauds, ils doivent consommer beaucoup plus d'énergie pour rester au chaud, surtout quand la nourriture est rare. Installer des mangeoires aide ces animaux à survivre en hiver en leur offrant l'énergie requise pour maintenir leur température corporelle.

RÉDUIRE LA POLLUTION LUMINEUSE

L'augmentation de l'éclairage dans les espaces publics pour nos activités nocturnes impacte négativement la faune. Environ 30 % des vertébrés et 65 % des invertébrés sont nocturnes, et l'éclairage artificiel perturbe leurs déplacements, comportements, cycles biologiques, et interactions écologiques. Les pollinisateurs nocturnes, désorientés par cette lumière, subissent des difficultés dans leur rôle de pollinisation, affectant ainsi le développement des plantes.

SCIENCES PARTICIPATIVES

Saviez-vous que grâce à vos photos vous pouviez participer à la science ?
L'Inventaire national du patrimoine naturel (INPN) propose une application dédiée à la science participative. Chaque utilisateur·rice peut contribuer à la base de données scientifiques en partageant ses observations d'espèces. Cette approche collaborative ne se contente pas d'enrichir les connaissances sur la biodiversité française ; elle rend chaque participant·e acteur·rice de la conservation. De plus, l'application attribue des points et un classement des meilleur·e·s contributeur·rice·s. Alors si comme moi vous aimez le challenge… À vos smartphones !

CRÉER DES HABITATS VARIÉS POUR ACCUEILLIR PLUS D'ESPÈCES

L'urbanisation réduit les habitats naturels comme les murets en pierre, souches d'arbres, et tas de feuilles, essentiels pour de nombreuses espèces. Les pierres offrent un abri thermorégulateur, accueillant petits mammifères, insectes, arachnides, et certains oiseaux. Les souches et les feuilles cachent divers petits animaux, jouant un rôle vital dans leur survie.

ENCOURAGER LE COMPOSTAGE

Le compostage réduit significativement la quantité de déchets à transporter et enfouir, en transformant des matériaux comme les restes de fruits et légumes, les coquilles d'œufs, les coupes de pelouse, les feuilles mortes, les petits morceaux de bois, le carton, le papier journal, le marc de café, et les sachets de thé en un engrais naturel gratuit pour les jardins. C'est une solution écologique efficace pour la gestion des déchets.

Et maintenant, vous vous y connaissez, en biodiversité ?

1. L'animal le plus rapide du monde est…

- ☐ A. Le guépard
- ☐ B. La mouche
- ☐ C. Le faucon
- ☐ D. Le taon

2. Selon une croyance, quelle créature indique le chemin aux voyageur·se·s perdu·e·s ?

- ☐ A. L'abeille
- ☐ B. La coccinelle
- ☐ C. La mante religieuse
- ☐ D. Le papillon

3. Quel est le papillon migrateur capable de parcourir de grandes distances, passant même par le détroit de Gibraltar ?

- ☐ A. Le monarque
- ☐ B. Le vulcain
- ☐ C. Le machaon
- ☐ D. Le paon-du-jour

4. Combien de fois le bousier mâle est-il capable de tirer sa propre masse corporelle ?

- ☐ A. 147 fois
- ☐ B. 557 fois
- ☐ C. 850 fois
- ☐ D. 1141 fois

Réponses :

1. D. **Le taon.** L'animal le plus rapide n'est pas le faucon ni le guépard, mais bel et bien le taon à cheval (*Hybomitra hinei*) avec une vitesse de 145 km/h ! Pas mal le bolide !

2. C. **La mante religieuse.** En France, les mantes religieuses sont considérées dans certaines régions comme des guides pour les voyageur·se·s égaré·e·s.

3. B. **Le vulcain.** Et oui, il n'y a pas que les oiseaux qui veulent prendre un bain de soleil en hiver ! Grand papillon migrateur, le vulcain traverse continents et frontières. Son voyage depuis l'Afrique du Nord jusqu'en Europe est une incroyable aventure de migration. Quand on le croise dans son jardin, c'est un très beau signe que le beau temps revient.

4. D. **1141 fois.** Le scarabée bousier mâle peut tirer 1141 fois sa propre masse corporelle. C'est comme si Dwayne Johnson alias The Rock pouvait tirer 4 camions poids lourds tranquillou bilou.

À relier **écoféminisme**

**Connaissez-vous ces militantes écoféministes ?
Reliez-les à la description correspondante.**

- Françoise d'Eaubonne
- Ivone Gebara
- Lois Gibbs
- Maria Mies
- Marie Huot
- Petra Kelly
- Rachel Carson
- Starhawk
- Vandana Shiva
- Wangari Maathai
- Winona La Duke
- Ynestra King

1. Elle a reçu le prix Nobel alternatif en 1993.
2. Elle se revendique aussi comme une sorcière.
3. Elle a reçu le prix Nobel de la paix en 2004.
4. Cette mère de famille ordinaire a commencé comme activiste dans l'affaire Love Canal.
5. Les sujets de prédilection de cette théologienne brésilienne sont l'écologie, l'écoféminisme et la théologie de la libération.
6. En 1991, un prix a été créé à son nom pour récompenser une femme pour son implication dans le domaine de l'écologie.
7. Co-autrice avec Vandana Shiva du célèbre ouvrage *Ecofeminism*, paru en 1999.
8. C'est une des pionnières à l'origine de mouvements associant écologie, féminisme et non-violence.
9. Elle est la fondatrice de l'ONG Honor the Earth.
10. Militante du mouvement de la paix et une des dirigeantes du parti allemand des Verts.
11. Pionnière de l'antispécisme et du féminisme, un même combat contre les dominations au XXe siècle.
12. C'est à elle que l'on doit le terme « écoféministe », formulé en 1972.

L'écoféminisme

“ La convergence des luttes féministes, écologistes, antinucléaires et pacifistes contre toute forme de domination et de destruction du vivant est la toile de fond de l'écoféminisme. ”

Pascale d'Erm

Courant de pensée qui croise féminisme et écologie, l'écoféminisme met au centre de sa réflexion le lien entre la domination genrée et la façon dont l'être humain protège l'environnement.
Il met en lumière cette oppression commune subite par les femmes et la nature : le patriarcat et le capitalisme.
Ces militant·e·s prouvent alors qu'une révolution écologique ne pourrait avoir lieu qu'après une révolution féministe. Ce terme revêt donc une dimension **théologique**, **politique** et **militante**.

Cette convergence des luttes existe également entre l'écologie et les mouvements LGBTQIA+, antiracistes et anticapitalistes qui trouvent des racines communes dans les différentes oppressions.

QUELQUES LECTURES POUR ALLER PLUS LOIN :

- Maria Mies, Vandana Shiva, *Ecoféminisme*, L'Harmattan, 1999
- Catherine Larrère, « L'écoféminisme ou comment faire de la politique autrement », *Multitudes*, 2017/2 (nº 67)
- Pascale d'Erm, *L'Écoféminisme en questions*, Éditions La Plage, 2021

RÉPONSES

1. Vandana Shiva : Célèbre écoféministe et écrivaine indienne, Vandana Shiva s'engage très tôt pour l'écologie et le féminisme. Elle dirige aujourd'hui la Fondation de la recherche pour la science, les technologies et les ressources naturelles.

2. Starhawk : Miriam Simos, alias Starhawk, est une militante féministe engagée contre le nucléaire et partisane de la non-violence. Elle est également autrice et fait le lien entre dévalorisation de la femme et destruction de la nature, notamment à travers l'histoire des femmes brûlées pour sorcellerie.

3. Wangari Maathai : Militante écologiste et féministe kényane, Wangari Maathai est la fondatrice du Mouvement de la ceinture verte qui a pour objectif de donner les moyens aux populations, et notamment aux femmes, de préserver l'environnement.

4. Lois Gibbs : Militante écoféministe états-unienne, Lois Gibbs est l'autrice d'ouvrages sur l'affaire Love Canal, où l'on retrouva une décharge de produits toxiques passés sous silence par la société responsable.

5. Ivone Gebara : Théologienne écoféministe catholique brésilienne, Ivone Gebara s'exprime en faveur de l'avortement dans les années 1990 et est alors condamnée à ne plus pouvoir prendre la parole publiquement durant 2 ans par le Vatican.

6. Rachel Carson : Biologiste marine et écrivaine américaine notamment connue pour son ouvrage *Le Printemps silencieux*, Rachel Carson dénonce l'impact des pesticides et la disparition de la biodiversité. Elle est attaquée par de nombreuses critiques misogynes et devient un modèle d'engagement féminin. En 1991, un prix a été créé à son nom pour récompenser une femme pour son travail et son implication écologique.

7. Maria Mies : Écoféministe et sociologue allemande, Maria Mies est connue pour de nombreux travaux reliant colonisation et domination des femmes, ou encore la condition des femmes à la subsistance avec le féminisme de subsistance. Elle a co-écrit *Ecofeminism* avec Vandana Shiva en 1999.

8. Ynestra King : Théoricienne écoféministe, Ynestra King était la figure de proue de ce mouvement dans les années 1970-80. Elle a notamment participé à l'encerclement du Pentagone aux côtés de près de 2000 femmes pour réclamer la paix et le respect de la planète.

9. Winona La Duke : Économiste et femme politique membre du parti vert américain, Winona La Duke est native américaine et la fondatrice de l'ONG Honor the Earth.

10. Petra Kelly : Femme politique allemande, Petra Kelly fonde le parti Les Verts en 1979. Elle prônait la préservation de l'environnement, la paix dans le monde et le féminisme.

11. Marie Huot : Poétesse française, Marie Huot se battit lors du siècle dernier pour la cause animale, liant en grande pionnière antispécisme et féminisme. Elle promouvait également le véganisme dès le début du xxe siècle.

12. Françoise d'Eaubonne : Pionnière de l'écoféminisme qui lui doit son nom, Françoise d'Eaubonne était autrice et militante écoféministe engagée. Elle est une des premières à avoir théorisé et fait le lien entre écologie et féminisme.

Comment votre système nerveux réagit-il face **à l'éco-anxiété** ?

L'éco-anxiété est une des nombreuses réactions émotionnelles que nous pouvons ressentir lorsque nous observons l'état de dégradation de notre environnement de vie. Mais la variabilité des éco-émotions est immense. Si toutes ces éco-émotions sont si désagréables, c'est que notre système nerveux (SN) se mobilise pour notre survie. Mais rassurez-vous, derrière autant de tensions, notre SN recherche 3 émotions dont nous avons viscéralement et biologiquement besoin : la joie, la sérénité et l'amour. Pour bien comprendre le SN, imaginons un arbre, nos pensées en sont le **houppier**, les branches en sont les **émotions** et les racines en sont les **sensations**. Dans ce petit test, découvrons comment réagit votre SN face aux éco-émotions !

Attribuez une note de 0 à 5 à chacune des propositions suivantes (0 tout à fait faux, 5 tout à fait vrai). Plus vos réponses seront spontanées, plus elles seront reliées à votre SN. Puis, additionnez chaque colonne pour découvrir la façon dont vous abordez chaque mode de survie.

Quand j'entends à la radio une mauvaise nouvelle écologique...	Je change de station instantanément et passe à autre chose.	Grrrr !! Ça m'énerve !	Cela me vide de mon énergie.	Cela ne me fait ni chaud ni froid.	Je choisis d'écouter mais reste dans ma fenêtre de tolérance émotionnelle.
Dans un repas avec des ami·e·s ou de la famille, quand je constate qu'iels n'ont pas conscience des dangers écologiques...	J'évite de discuter de ces sujets et je trépigne sur ma chaise.	Je me lance dans le débat pour les convaincre.	J'écoute mais cela me terrifie et je ne peux rien dire.	Le sujet ne m'intéresse pas.	Je partage mes peurs, mes incertitudes et mes espoirs.
Quand la canicule, la sécheresse et les incendies sévissent...	Je me réfugie dans un lieu plus frais.	Je suis en colère contre les coupables.	Je me sens paralysé·e et impuissant·e.	Je m'en fous, du moment qu'il y a de l'eau dans mon robinet.	Je veille sur mes voisin·e·s fragiles.
Quand je pense à l'avenir écologique...	Je regarde où les conditions de vie seraient meilleures et j'ai envie de déménager.	Dans les pires moments, je pense à m'armer pour me défendre.	Les scénarios catastrophes s'enchaînent et tous les chemins mènent à la souffrance et la mort.	Je me dis qu'on trouvera bien une solution technique.	Je me prépare aux difficultés à venir. J'arrive à espérer un monde vivable et agréable.
Les autres...	J'ai tendance à les éviter.	Globalement, ce sont des ennemi·e·s...	Je me sens seul·e et éloigné·e d'elle·eux.	Iels ne m'intéressent pas vraiment.	Ce qui compte, c'est d'être ensemble.
Quand je regarde ce que je fais pour l'environnement...	J'évite de trop me poser la question.	Mes objectifs sont difficiles à atteindre, mais je ne lâche rien !	Ce que je fais est insuffisant et insignifiant.	Je changerai quand les autres changeront.	Je fais ce que je peux et progresse à ma vitesse.
Au quotidien, sur les réseaux sociaux...	J'évite de regarder les informations écologiques.	Je suis bouillonnant·e de révolte !	Je me sens effondré·e.	Je préfère regarder les dernières tendances.	Je veille à l'équilibre good/bad news et me déconnecte si besoin.
Au fil du temps, dans mes relations...	Je me suis éloigné·e des personnes qui n'ont pas de conscience écologique.	Je me suis disputé·e avec beaucoup de monde. Ils ne comprennent pas que ça urge !	Je me suis isolé·e.	Les écolos me font bien rire !	J'ai gardé contact avec toutes les personnes que j'aime, peu importe leur engagement écologique.
Total	**Mode oiseau**	**Mode hippopotame**	**Mode opossum**	**Mode avion**	**Mode baleine**

LES DIFFÉRENTS MODES DE SURVIE

En mode survie, notre système nerveux se mobilise pour affronter les dangers, soit par la **fuite** (s'éloigner de la source de danger), le **combat** (affronter la source de danger), la **sidération** (la peur sans solution) ou la **déconnexion au réel.** Alors comment votre système nerveux se défend-il face aux dangers environnementaux ?

Mode oiseau. Vous êtes malin·e comme les oiseaux, quelques coups d'ailes et vous voilà en sécurité. Ne croyez en aucune manière que c'est de la lâcheté, bien au contraire, c'est une excellente façon de se protéger. S'éloigner de la source de danger est bien souvent intéressant, cela permet de retrouver un peu de quiétude, de se déconnecter des réseaux sociaux ou d'éviter les débats stériles avec quelques imbéciles climatosceptiques. Précisons encore que fuir n'équivaut pas à être dans le déni, celles et ceux qui fuient ont bien conscience du danger !

Si votre mode oiseau est fort, vous avez tendance à éviter les informations écologiques anxiogènes. D'une certaine manière, vous avez compris que le flot d'informations continu et les débats pendant les repas de famille ne font pas vraiment avancer le problème. Vous avez une profonde sagesse, vous ne pouvez changer que les problèmes qui sont à portée de main. Mais, s'il est intelligent de fuir les flammes d'un incendie, les multiples problèmes éco-systémiques ne peuvent pas être toujours fuis. Alors, faites comme les oiseaux : rapprochez-vous des autres, ils renforceront votre courage pour défendre votre nid.

Si votre mode oiseau est faible, il est possible que vous ayez des difficultés à lâcher prise car si on ne sait pas fuir, on se retrouve bien trop souvent dans des zones de tension. Aussi, ne sous-estimez pas le mode oiseau car il permet de prendre de la hauteur, du recul sur ce qu'il se passe et sur ce que l'on ressent. C'est parfois en s'éloignant que la clarté d'esprit apparaît.

Mode hippopotame. Au cas où vous l'ignoreriez, mieux vaut ne pas contrarier un hippopotame car sa meilleure défense, c'est l'attaque ! Le combat est une excellente manière de se protéger, surtout contre les grands pollueurs ou les innombrables injustices de ce monde. Trop souvent valorisée dans notre société compétitive, elle est indéniablement chronophage et énergivore.

Si votre mode hippopotame est fort, vous participez certainement à secouer l'ancien monde et à réveiller les consciences écologiques. Du fond du cœur, merci ! Mais même les grand·e·s combattant·e·s ont besoin de repos, alors veillez à ne pas vous épuiser ou à épuiser les autres. Aussi, si vous pensez que la plupart des individus sont des imbéciles, méfiez-vous de votre propre agressivité, elle conduit généralement vers la violence et l'isolement. Être trop éco-furax fait parfois oublier l'enseignement de Sun Tzu dans *L'Art de la guerre* : l'objectif de la guerre, c'est la paix.

Si votre mode hippopotame est faible, vous affirmer face aux autres ne doit pas être toujours facile, pourtant, n'en n'ayez aucune honte, bien des animaux survivent sans griffes ni crocs. Aussi, sachez que votre courage s'activera certainement s'il faut défendre vos proches.

Mode opossum. L'opossum, s'il est acculé, a une ultime botte secrète : il fait le mort ! Cette dernière solution est utile mais coûteuse car cette peur sans solution nous oblige à nous dissocier intérieurement, ce qui nous coupe du réel, de la relation aux autres et de notre capacité à réagir.

Si votre mode opossum est fort, il est possible que l'éco-anxiété soit largement cause de souffrances, voire traumatique. Votre vision est obscurcie par le filtre du désespoir et de l'impuissance. Probablement, vous alternez entre bouillonnements de colère et épuisement anxieux, votre corps est fatigué. Rassurez-vous, ce n'est pas de votre faute, votre système nerveux est dérégulé et il est certain que vous avez besoin d'aide. Ouvrez-vous aux autres, osez demander de l'aide et vous sortirez de la sidération.

Si votre mode opossum est faible, ce n'est pas un problème.

Mode avion. La connexion aux émotions est coupée, y a plus de réseau ! Soit vous avez un niveau d'informations trop faible et vous pensez qu'il n'y a pas de problème, soit vous êtes à côté de la plaque de la lucidité éco-systémique.

Si votre mode avion est fort, l'état de dégradation des conditions de vie ne vous affecte pas pour une raison simple : vous êtes déconnecté·e de vos émotions. Vous avez un choix personnel à faire : voulez-vous devenir quelqu'un de meilleur ?

Si votre mode avion est faible, la réalité pique les yeux mais vous êtes lucide !

Mode baleine, vie. Les baleines sont non-violentes, elles communiquent entre elles en chantant et elles sont merveilleuses car elles améliorent les conditions de vie de toutes les autres espèces vivantes. En mode vie, nous avons accès aux 3 émotions dont nous avons viscéralement besoin : la **joie**, la **sérénité** et la **sensation d'être en lien avec les autres**.

Si votre mode baleine est fort, vous êtes éco-lucide. Vous êtes capable de gérer vos éco-émotions et vous comprenez celles des autres. Vous ressentez que la meilleure manière de veiller à sa sécurité, c'est d'être en lien avec les autres. Vous êtes capable de vous défendre, de faire des choix dans les situations difficiles et dangereuses et de ressentir la paix et la joie quand il n'y a pas de danger immédiat. Vous êtes capable de voir les problèmes et de rechercher des solutions avec les autres. Vous êtes probablement engagé·e dans des collectifs qui sont en lien avec vos valeurs et si vous ne l'êtes pas encore, soyez certain·e que vous seriez un bon atout.

Si votre mode baleine est faible, vous êtes trop en mode survie, alors prenez soin de vous et de vos relations, vous en avez besoin.

L'écologie **dans le divertissement**

À lire

- « Ces terres qui se défendent », *Socialter*, hors-série numéro 15
- Abi Umeda, *Les Enfants de la baleine*, Glénat, 2016
- Aldo Léopold, *Almanach d'un comté des sables*, Gallmeister, 2022
- Alessandro Pignocchi, *La Recomposition des mondes*, Éditions du Seuil, 2019
- Anna Lowenhaupt Tsing, *Le Champignon de la fin du monde*, La Découverte, 2017
- Béné, *La Révolution du potager*, Éditions La Plage, 2021
- Christophe Blain, Jean-Marc Jancovici, *Le Monde sans fin*, Dargaud, 2021
- Ed Winters, *Vegan propaganda*, Éditions La Plage, 2023
- Fred Bernard, Benjamin Flao, Peter Wohlleben, *La Vie secrète des arbres*, Éditions Les Arènes, 2023
- Hiromu Arakawa, *Silver Spoon*, Kurokawa, 2013
- Morimura Shin, *Ma vie dans les bois*, Akata, 2015
- Philippe Descola, Alessandro Pignocchi, *Ethnographie des mondes*, Éditions du Seuil, 2022
- Terry Tempest Williams, *Refuge*, Gallmeister, 2012
- Tsustomu Fujikawa, Takuji Ishikawa, *Les Pommes miracle*, Akata, 2014
- Xavier Bourgois, *L'Appel de la nature*, Éditions La Plage, 2024
- Yvan Marc Juillard, *Éco-anxiété*, Éditions La Plage, 2023

À regarder

- Adam McKay, *Don't look up*, 2021
- Cyril Dion, *Demain*, 2015
- Dominique Marchais, *La Rivière*, 2023
- Netflix, *Notre planète*, 2019
- Richard Fleischer, *Soleil vert*, 1973
- Studio Ghibli, *Nausicäa de la vallée du vent, 1984*
- Studio Ghibli, *Princesse Mononoké, 1997*
- *Vakita*, vidéos disponibles sur leur site internet
- Wes Anderson, *Fantastic Mister Fox*, 2009

À jouer

- Elizabeth Hargrave, *Wingspan*, Matagot
- Grégory Grard, Matthieu Verdier, *Sur les traces de Darwin*, Sorry we are French
- Kosh, *Forêt mixte*, Look out games
- Randy Flynn, *Cascadia*, Lucky Duck Games
- Sébastien Castano, *Biotopes*, Palladis Games
- Free lives, *Terra Nil*, Devolver Digital, Netflix Games
- Yoann Bogol, Justine Braida, *Klimato*, Subverti

À écouter

- Céline Ramstein, Gilles Ramstein, Sylvestre Huet, *Le climat en questions*, 2021
- *L'écologie*, BLAST Le souffle de l'info, disponible sur leur site internet
- Lucas Scaltritti, *Super Green Me*, 2023
- *Pour que nature vive,* Muséum national d'histoire naturelle, disponible sur le site internet du muséum
- *Terrestres*, disponible sur différentes plateformes ou sur leur site internet
- Victoire Tuaillon, *Les couilles sur la table*, épisode 64, « Le patriarcat contre la planète », 2020

Psst, cette liste est loin d'être exhaustive !